Peter Eschberg

Gegen Heuchelei
Eine subjektive Theatergeschichte

Die Deutsche Bibliothek - CIP-Einheitsaufnahme
Ein Titeldatensatz für diese Publikation ist bei
Der Deutschen Bibliothek erhältlich

Holzhausen Verlag
Alle Rechte vorbehalten
© Holzhausen Verlag GmbH
Wien 2002
Umschlag und graphische Gestaltung: Róbert Kaitán
Coverfoto: Stefan Odry
Redaktion: Hedda Egerer
Druck: Adolf Holzhausens Nfg., Wien
Printed in Austria

ISBN 3-85493-062-3

PETER ESCHBERG
GEGEN HEUCHELEI

Eine subjektive Theatergeschichte

Holzhausen Verlag · Wien 2002

Inhalt

7	Einleitung
9	1. KAPITEL Anfänge in Wien
23	2. KAPITEL Theaterhauptstadt München
39	3. KAPITEL Theaterhöhepunkte: von Kortner und Schweikart bis Dorn
53	4. KAPITEL Vatermord in Berlin und anderswo
69	5. KAPITEL Mitbestimmung: warum und für wen?
87	6. KAPITEL Die Trutz-Burg, ein Herrscherhaus
105	7. KAPITEL Theaterleiter: Ideal und Wirklichkeit
123	8. KAPITEL Eigenständigkeit gegen Zynismus und Heuchelei
141	9. KAPITEL Das Kartell
157	10. KAPITEL Frankfurter Erfahrungen
173	11. KAPITEL Schauspieler
191	Namenverzeichnis

Einleitung

Dies ist keine Autobiographie. Es ist die Beobachtung der deutschsprachigen Theaterszene, wie ich sie gesehen habe, über annähernd 50 Jahre. Trotz künstlerischen Niederlagen und eigenem Mißlingen, womit ich hinter meinen Ansprüchen zurückgeblieben bin, aber auch Erfolgen und persönlichen Theaterhöhepunkten, mit denen ich den selbst gesetzten Maßstäben nahe gekommen bin, ist mein Blick auf Vergangenheit, Gegenwart und Zukunft des deutschsprachigen Theaters nicht getrübt. Es ist also meine subjektive Beobachtung, aus meinem Blickwinkel, geprägt durch mein Theaterverständnis und bestimmt von den Erlebnissen und Erfahrungen, die ich in meinem Theaterleben gemacht habe. Es versteht sich daher von selbst, daß die Person des Beobachters sichtbar wird, seine Gedanken und Gefühle erkennbar werden. Vordringliche Absicht dieses Buches ist, meine Beobachtungen festzuhalten und zur Verfügung zu stellen und nicht meine Person zu beschreiben.

Ich habe in meinem Leben große Künstler und ungewöhnliche Menschen und manche unentbehrliche Weggefährten getroffen, ich habe viel über das Theater als unverzichtbaren Teil der menschlichen Existenz erfahren – Lebenserhaltendes.

Aber ich habe auch den Mißbrauch ertragen müssen, dem das Theater ausgesetzt ist. Die Lügner und Betrüger, die rücksichtslosen Selbstdarsteller haben mich wütend und nicht selten hilflos gemacht. Den manchmal unerkannten großen Begabungen standen und stehen immer öfter die als modisches Event gefeierten Unbegabungen im Wege. Manipulation, Scharlatanerie und künstlerische Verkommenheit bedrohen zunehmend das Theater und die Theaterleute. Am unerträglichsten aber ist das Ausmaß an Heuchelei, das zunehmend die Theaterszene zu ersticken droht. Das unverzichtbare Theater muß geschützt werden, auch mit den unzureichenden Möglichkeiten eines einzelnen Beobachters.

Ich habe also aufgeschrieben, was ich gesehen habe, und stelle es den Menschen zur Verfügung, die wie ich glauben, ohne Theater nicht leben zu können. Gewidmet ist dieses Buch meiner Frau Carmen und meinem Sohn Peter, die mich nie wütend und hilflos gemacht haben.

1. KAPITEL

Anfänge in Wien

Das Theater – überlebensnotwendig, existenzerhaltend und gefährdend. Der Durchbruch zur Wahrheit – unvermeidlich, zerstörerisch, Religion, Exzeß und unerfüllbare Herausforderung, einfach die extremste Form menschlichen Lebens.

Oder: Das Theater – Unterhaltung, entspannend, eine schöne Nebensache, exotische Randerscheinung menschlichen Seins. Überflüssig. Durchaus verzichtbar. Eine Ansammlung manchmal schöner Lügen. Das ist die Alternative, die für mich nur eine Seite kennt, die zuerst beschriebene, die unausweichliche.

Es begann mit Schauspielern und wird –, soll enden mit Schauspielern. Sie sind die einzigen Künstler, deren einziges Material die eigene Seele und der eigene Körper ist. Ihr Auf-der-Bühne-Sein ist der Kunstvorgang. Jeder Gedanke, jede Bewegung, jeder Einsatz von Sprache wird zum unwiederholbaren und unaustauschbaren Kunstereignis. Für das Theater heißt es also: Im Anfang war der Schauspieler.

Es begann für mich auf den Treppen vor dem Eingang zum Ronacher in Wien, jenes der leichten Unterhaltung zugeordneten Hauses, das nach Ende des Zweiten Weltkrieges Notquartier des Burgtheaters war. Der lebensvernichtende Krieg, der Menschen und ihre Kulturzeichen auslöscht, hatte das Burgtheater an der Ringstraße zerstört. Aber die theatersüchtigen Wiener brauchten das Theater, um überleben zu können. Ohne

Schauspieler, ohne Burgtheater insbesondere, konnte das fast verlorene Leben nicht wieder beginnen. Und die Schauspieler brauchten ihr Publikum, um spielen und damit leben zu können. Der unvergleichliche kommunikative Kunstakt Theater, der nur dann zustande kommt, wenn Publikum und Schauspieler zusammen sind und gemeinsam eine Vorstellung entstehen lassen, damals wie heute, war als Widerstand gegen die Zerstörung lebensnotwendig und mußte ermöglicht werden.

So fand man das Ronacher. Das etwas verstaubte Varietétheater war der Ort, an dem die lebensrettende Wiederbegegnung zwischen den Schauspielern des Burgtheaters und dem Wiener Publikum stattfand. Als ich ein paar Jahre später dazukam, auf der Treppe zum Haupteingang des Ronacher anstand, um einen der nicht sehr zahlreichen Stehplätze zu erobern, wurde ich Teil einer Gemeinschaft, die sich ihre Großen des Burgtheaters, ihr künstlerisches Lebenselexier, die Fürsten und Könige der Bühne zurückgewonnen hatte. Es waren die Theaterkönige dieser Zeit. Sie bewegten und berührten das tägliche Leben der Menschen in dieser Stadt. Ein paar Namen: Raoul Aslan, Werner Krauß, Paula Wessely und die Hörbigers, die Thimig-Familie, Otto Tressler und viele mehr. Sie waren wirklich Könige, weil ihr Publikum das so wollte, es nie anders kennengelernt hatte.

Auf der Treppe wurde nur die Qualität der Schauspieler diskutiert, von Regisseuren und Bühnenbildnern war kaum die Rede, von Autoren so gut wie überhaupt nicht. Die Identifikation des Zuschauers mit den Vorgängen auf der Bühne bezog sich fast ausschließlich auf die Darsteller. Die Emotionen und Reflexionen, das Herz und der Verstand, die das Theater aussandte, schienen nur von den Schauspielern zu kommen. Ihnen ausschließlich, ihnen zugewandt zu sein, ihre Nähe zu suchen, auf sie allein alles zurückzuführen, was die Bühne als Gedanken, Gefühl, Aggression und Harmonie vermittelte, machte die uneingeschränkte Macht, den geradezu gefährlichen Einfluß der Schauspieler dieser Zeit aus.

Seit es Theater gibt, gibt es auch die Macht der Schauspieler, und in vielen historischen Konstellationen haben sie gesellschaftliche Wirkungen erzielt, die unverzichtbar waren und zukunftweisende Entwicklungen auslösten. Aber wenn Schauspieler so mächtig werden, daß ihre egomane Selbstdarstellung zum Kult wird, gerät das Theater in die Gefahr, zum Kunstgewerbe zu werden. Die Besitzer des theatralischen Gewerbescheins nutzen das Gewerbe nur noch zur Selbstdarstellung und verdrängen dabei Hirn und Herz von der Bühne.

In diese Richtung ging es damals. Die Allüren verselbständigten sich. Die unvermeidlichen persönlichen Konkurrenzen im Theater wurden zu einer öffentlichen Angelegenheit. Obwohl doch in dieser Zeit viele Schauspieler, und gerade die überlebenden, Grund genug zur Bescheidenheit hatten, traten viele mit einer Selbstgerechtigkeit auf, die das Schicksal der Kollegen, die umgebracht worden waren oder ihr Heil im Exil suchen mußten, vollkommen ignorierte. Im Gegenteil. Sie versuchten, mit der neu gewonnenen Theatermacht die eigene Unschuldsbehauptung durchzusetzen. Manche versuchten es mit Totschweigen. Wie lange dies gelang, wird noch zu berichten sein. Es gab natürlich auch Unbelastete unter diesen Fürsten der ersten Nachkriegszeit, deren Selbstverständnis aber vom übersteigerten Größenwahn zeugte. Das Publikum hatte sie zu dem gemacht, was sie waren, und sie gaben dem Publikum aus ganzer Seele recht.

Es gibt eine bezeichnende Geschichte, eine Auseinandersetzung zwischen Raoul Aslan und Gustaf Gründgens, die sich ein paar Jahre später anläßlich einer Arbeit bei den Salzburger Festspielen ereignet hat. Aslan, in Griechenland geboren, einer von den integren Stars des Burgtheaters, von allseitiger Wiener Liebe getragen, einer der wirklich viel für den Erhalt des Burgtheaters getan hat, einer der seinen gottähnlichen Schauspielerstatus wirklich angemessen fand. Gründgens dagegen war einer, dem es bis an sein Lebensende und darüber hinaus gelang, seine intensive Beziehung zur Berliner Naziführung als unverdächtig darzustellen. Aslan und Gründgens konnten sich nicht leiden, arbeiteten aber in Salzburg miteinander, Aslan als Hauptdarsteller, Gründgens als Regisseur. Am Höhepunkt einer ungute Probenauseinandersetzung ging Aslan auf Gründgens zu und erklärte: „Herr Gründgens, ich komme aus Saloniki über Athen und Rom nach Wien. Und Sie kommen aus Düsseldorf."

Man sieht, Könige haben Stammbäume. Dieser Auftritt ist ein schönes, ironisches, aber sehr aussagekräftiges Beispiel für das schauspielerische Selbstverständnis jener Tage. Schon die umjubelte weltläufige Herkunft konnte zur mentalen Vernichtung des Gegners gebraucht werden. So argumentieren zu können, setzte sehr oberflächliche Hierarchien voraus, und die beherrschten das Theater dieser Zeit. Wir, das Publikum, trugen das mit oder lernten es, so wie ich damals, nicht anders.

Natürlich war Raoul Aslan eine große Bühnenpersönlichkeit, ein außerordentlicher Schauspieler. Noch als alternder Mann war er von klassischer, ebenmäßiger Wohlgestalt. Sein Aussehen erfüllte das Klischee des der Antike entsprungenen Südländers. Er entzückte das Herz der Frauen und der Männer, und man blieb ihm bis ins höhere Alter treu. Die Aura von Exotik, Dekadenz und schauspielerischer Präsenz machte ihn unwiderstehlich. Und er wußte das, nützte es für einen heute unvorstellbaren Selbstkult. Als er nach einer Shaw-Premiere, in der er die Hauptrolle gespielt hatte, das Theater durch den Bühneneingang verließ und von in die Hunderte gehenden Verehren jubelnd empfangen wurde, brachte er das Publikum mit einer kleinen, nonchalanten Geste zur Ruhe, überblickte wie überrascht seine Vasallen und hauchte: „Ein recht gutes Stück, nicht wahr?"; sprach's und verschwand unter hysterisch aufbrausenden Beifallskundgebungen.

Ich beobachtete diese Szene von der anderen Straßenseite, in einem Hauseingang versteckt, und war verwirrt. War es das, was Theater sein konnte? War das die Erfüllung, die Verwirklichung der unersetzbaren Macht des Theaters? War das das erstrebenswerte Ergebnis einer theatralischen Karriere? Oder gab es eine andere, zu jener Zeit schwer erkennbare Dimension der künstlerischen Bühnenexistenz, die sich im Zusammentreffen aller Künste auf dem Theater erfüllte? Umgaben nicht Literatur, bildende Kunst und Musik das menschliche Kunstwerk Schauspieler und bekam die Egomanie der Selbstdarstellung des Schauspielers nicht erst im künstlerischen Kontext ihre Berechtigung?

So glanzvoll die Existenz des Schauspielerkönigs in dieser Zeit zu sein schien, da war noch etwas anderes, Wesentlicheres, etwas, was Theater wirklich unverzichtbar machte. Der Streit auf der Treppe des Ronachers zwischen den auf Schauspieler fixierten Verehrern und denen, die das Theater als die utopische

Spiegelung ihrer eigenen Lebensrealität entdeckt hatten, nahm zu. Die ersteren erschöpften sich in Diskussionen über Aussehen, Stimmlage und private Ereignisse ihrer Idole. Die anderen begannen zunehmend, dramaturgische Phänomene, die Ästhetik von Aufführungen, die Identität der dargestellten Personen in den Schauspielern zu suchen und zu beurteilen.

Natürlich gab es weiter die mysteriösen, unerklärbaren Ereignisse aus dem geheimnisvollen Leben der verehrten Theaterkönige. Werner Krauß zum Beispiel, der große Berliner Schauspieler, der vor der eigenen fragwürdigen Vergangenheit nach Wien geflohen war, wo er nach Jahren der verdienten Berufsferne wieder auftreten durfte, war Gegenstand zahlloser mystischer Theatergeschichten. Ereignisse, die, sachlich gesehen, einfach Disziplinlosigkeiten eines verwöhnten und egomanen Starschauspielers waren, wurden als geheimnisumwitterte Genialität dargestellt.

Krauss, eines späten Nachmittags volltrunken beim Heurigen, wurde vom Wirt in ein herbeigerufenes Taxi verfrachtet und dieses mit Ziel Burgtheater losgeschickt. Hatte doch Krauss, so stellte der Wirt in der Tageszeitung fest, am Abend Wallenstein zu spielen. In der Burgtheatergarderobe, mit fremder Hilfe angekommen, war Krauss weder durch Duschen noch durch Kaffeeeinflößen und schon gar nicht durch gutes Zureden nüchtern zu bekommen. Niemand, vom Garderober bis zum Inspizienten oder Regieassistenten, wollte an dem drohenden Ausfall der abendlichen Aufführung Schuld sein. Also schleppte man den großen Werner Krauss, der unfähig war selbständig zu gehen, zum Auftritt, brüllte ihm den Namen seiner heutigen Rolle, also Wallenstein, ins Ohr und stieß ihn auf die Bühne. Und siehe da – der eben noch halb Bewußtlose eroberte mit festem Schritt die Bühne und absolvierte die Rolle und den Abend ohne sichtbare Beeinträchtigung.

So etwas war Anlaß für Legendenbildung, für Verehrung des genialen Schauspielers, den seine künstlerische Fähigkeit und die geheimnisvolle Magie des Theaters auf wundersame Weise ganz plötzlich geheilt hatten. Welch ein Unsinn! Ich wage anzunehmen, daß der kindische Großschauspieler die gesamte Situation, den gesamten Ablauf der Geschehnisse zu einem clownesken Ereignis hochgespielt hatte. Ein Beweis großer schauspielerischer Möglichkeiten, zweifellos, aber ohne jedes Geheimnis, keiner Legende wert. Ich verließ die Ronachertreppe und schaute mich um. So schön die Verkommenheit dieser von großen Persönlichkeiten geprägten Theaterwelt war, große Schauspieler mußte es auch dort geben, wo Theater künstlerische Ideen entwickelte, die über Schauspielerselbstdarstellung hinausgingen.

Keine drei Kilometer Luftlinie vom Ronacher entfernt war das Theater „In der Scala" zu finden. Verhöhnt, als politisches Agitationstheater abgetan, von der Wiener Theaterkritik entweder übersehen oder niedergemacht, war eine Theatertruppe angetreten, die mit verbissener Ausdauer und unbezwinglicher Durchsetzungskraft ein anderes, von den Wienern wenig geliebtes Theater machte. Nicht nur daß diese Truppe von der russischen Besatzungsmacht finanziell getragen wurde, sie wagte auch, das mächtige, vom Großteil des Wiener Publikums getragene Kunstmonopol des Burgtheaters herauszufordern. Texte wurden auf ihre gesellschaftspolitische Dimension untersucht. Große Regisseure waren für dieses Haus von entscheidender Bedeutung, und man arbeitete notgedrungen unter ärmlichsten Verhältnissen und als aus der Wiener Theaterszene verstoßenes Institut.

Es stimmt schon, daß „Die Scala" verpflichtet war, das eine oder andere Agitationsstück unter dem Druck ihrer Geldgeber zu spielen. Aber diese Pflichtübungen blieben in der Minderzahl. Die Mehrzahl der Aufführungen waren von großer inhaltlicher Genauigkeit. Die Texte, und somit die Autoren, rückten in den Mittelpunkt der Arbeit. Man brachte große Regisseure nach Wien. Berthold Viertel kehrte aus der Emigration zunächst an dieses Theater zurück. Bert Brecht inszenierte hier, Günther Haenel und natürlich die führenden Köpfe der Truppe, als da waren Wolfgang Heinz, Karl Paryla, Otto Tausig.

Die Letztgenannten waren auch die schauspielerischen Protagonisten dieses Theaters, dessen Ensemblekultur ein für Wien ungewöhnliches Phänomen darstellte. In diesem Theater zu sitzen und sich in phantastische Weltbeschreibungen führen zu lassen; oder auch den strengen Formen eines intellektuellen neuen Theaterbegriffs zu begegnen, der Politisierung eines Theaters beizuwohnen, dessen Ensemble zum großen Teil Emigration und politische Verfolgung im Dritten Reich hinter sich hatte, war eine neue Erfahrung, die der zunächst im Ronacher gemachten so überhaupt nicht entsprach.

Beides war also möglich. Die Verkommenheit und der Glanz des großen Schauspielertheaters einerseits, die etwas zu sehr auf Belehrung aus seiende, aber analytische, die persönlichen Eitelkeiten bekämpfende und höchst sensible Ensemblearbeit andererseits. Hin und her gerissen, und vielleicht gerade deswegen widersprüchlich geprägt, konnte eine theaterfreie Existenz für mich nicht mehr möglich sein.

Die drei Kilometer Abstand zwischen Ronacher und Burgtheater und dem sogenannten Kommunistentheater war eine Rennstrecke, die zu einem lebenslangen Theaterauftritt werden mußte. Aber dieser Widerspruch allein war es nicht. Mit wachsendem Theaterinteresse wurde die Neugier immer größer, und folgerichtig erweiterte sich das Spektrum, das es zu erforschen galt.

Nicht so sehr die anderen, traditionsreichen Häuser der Wiener Theaterlandschaft wurden wichtig. Das Theater in der Josefstadt oder das Wiener Volkstheater waren ja nur der Abklatsch des Burgtheaters. Qualitativ schwächer, bestätigten sie in nur geringfügigen Unterschieden den Theaterbegriff, der im Burgtheater kennenzulernen war. Auch in diesen beiden Theatern ging es in erster Linie um Schauspieler, ihre Eigenarten und Unarten, denen sich alles andere, also Autor, Regisseur, Dramaturgie unterzuordnen hatte. Die Schauspieler des Burgtheaters schauten herablassend auf die Josefstadt-Mannschaft, und diese wiederum hatte für die Volkstheaterleute nur hochmütiges Achselzucken.

Es war eine Hierarchie inhaltsleerer Ignoranz mit nur einer einzigen Sinngebung: Alle, die nicht am Burgtheater engagiert waren, wollten dorthin. Man wollte an den Königshof, selbst ein Höfling werden und vielleicht auch irgend einmal als einziges Ziel höhere Weihen empfangen.

Das verehrungssüchtige Wiener Theaterpublikum machte mit. Was konnte vergnüglicher sein als Hofintrigen zu beobachten, Königsmorde und Machtwechsel mitzuerleben, Thronbesteigungen und feierliche Beerdigungen zu genießen. Hatte man in Wien schon keine Monarchie mehr, so konnte man sie doch im Theater wiederfinden. Immer noch trägt man die großen Schauspieler des Burgtheaters, die Könige und Königinnen eben, nach ihrem Ableben dreimal feierlich um das Burgtheater, bevor sie in einem Ehrengrab dem Vergessen überantwortet werden. Wahrhaftig eine königliche Tradition, aber unsäglich dumm. Eine solche Zeremonie verrät ein Unverhältnis zum Wesen des Theaters. Die Siege, die Utopien, die gesellschaftlichen Phänomene, die Katastrophen, von denen das Theater berichten muß und kann, wurden hier auf die Größe von Schauspielerbiographien reduziert. Der neueste Vertrag, den ein Schauspieler mit dem Burgtheater abschloß, war wichtiger als der Teufelspakt, den Faust mit Mephisto eingeht.

In den Jahren nach dem Krieg war in Wien eine Reihe von Kellertheatern entstanden. So genannt, weil sie meist in Kellergeschossen unterhalb großer Kaffeehäuser etabliert wurden. Das Wiener Kaffeehaus war schon von jeher eine Brutstätte kultureller Entwicklungen gewesen. Die Kunstdiskussion im Kaffeehaus begründete beim kleinen Braunen und Apfelstrudel oder Rotwein und Whisky so manche später berühmt gewordene und richtungweisende Schule sowohl in der Malerei, der Musik, als auch, und das vor allem, in der Literatur. Auch der Theaterliteratur. Konsequenterweise mieteten sich in den Kellern unterhalb mancher dieser alten Kaffeehäuser Künstlergruppen ein, die sich für neueste Theaterliteratur, neue Formen des Theatermachens, einen anderen Umgang mit dem Schauspielerberuf interessierten. Es hatte etwas Konspiratives, was sich da unter der Oberfläche in finsteren, schlecht ausgestatteten, meist nur durch eine schmale Treppe in den Untergrund erreichbaren Räumen abspielte.

Junge Autoren mit ihren revolutionär anmutenden neuen Stücken, Theaterleute, denen das höfische

Getue an den Staatsbühnen Übelkeit verursachte, und ein junges, traditionsunerfahrenes Publikum, das theatersüchtig und voller Neugier in Inhalt und Form das nachholen wollte, was ihm in den Jahren der Nazi-Herrschaft verweigert wurde. Alle zusammen brachen auf in eine neue Theaterzeit. Eng beieinander sitzend und agierend in finsteren stickigen Kellern. Es war eine helle Zeit voller Utopie, Wahrheit und kompromißlos in ihrer moralischen Integrität. Die bestechliche Erinnerung behauptet, daß es damals gut war und daß diese Zeit ein ganzes Theaterleben zum Positiven bestimmt hat.

Die eigenen Verluste und die manchmal erschreckende Beobachtung von Karrieren, die damals begonnen haben, läßt relativieren, Skepsis richtig und notwendig erscheinen. Man erinnert sich an den Beginn großartiger Regisseure und Schauspieler, die später, oder besser sehr bald, der Verführung des theaterhöfischen Personenkults verfielen. Die Intelligenz und Intensität, die sie damals für ihre Theaterarbeit aufbrachten, wurde schon wenige Jahre danach ausschließlich in den Dienst der Eigenstilisierung gestellt.

Erfolgreich, wie man in einigen Fällen heute, rund 50 Jahre später, sehen kann. Wohlbestallte Möchtegern-Theaterkönige sind auf den Bühnen Wiens immer noch ausschließlich mit sich selber beschäftigt. Die Stücke, ihr Stellenwert, die Inszenierungen und ihre inhaltliche Konsequenz und ästhetische Eigenart scheren diese heruntergekommenen Stars keinen Pfifferling. Aus den finsteren Kellern in das gleißende Licht der Großbühnen gelangt, haben sie vergessen, warum sie dorthin wollten.

Diese widersprüchliche Theaterszene, so verkommen sie einerseits war und so zukunftsträchtig andererseits, wurde von den zu kurz Gekommenen begleitet, den Manipulatoren aus künstlerischem Unvermögen, wie sie das Theater offensichtlich niemals loswerden kann.

Die parasitäre Spezies der Feuilletonisten gab es damals, wie es sie auch heute noch gibt. Das aber verstand ich, der nun endgültig ein Theaterleben begonnen hatte, noch nicht. Noch ließ ich mich von eitlen, aggressiven und scheinbar fachmännischen Beurteilungen der Theaterentwicklung dieser Zeit in Wien verführen und beeinflussen. Manch schicke – wie sich später für mich herausstellte –, ungemein hinterhältige Diffamierung neuer und wesentlicher Theaterentwicklungen gab sich als brillante Formulierung aus, die den künstlerischen Weizen von der Spreu trennen sollte. Vieles erschien mir zwar anders, aber ich unterwarf mich der vermeintlichen Fachkunde eines Hans Weigel, und wie sie damals alle hießen. Daß hier einige Zeitungsleute mit Hilfe ihres schwächelnden Schreibtalents und der Macht der Printmedien, die ihnen uneingeschränkt zur Verfügung stand, schamlos Politik machten und die ihnen nicht genehmen, Andersdenkenden zu zerstören versuchten, war für den theaterfanatischen Anfänger noch nicht durchschaubar.

Im Vorgriff sei festgehalten, daß es ein langes Theaterleben brauchte, um anhand der Konfrontation mit diesen Leuten und ihren unaufhaltsamen Fortpflanzungen zu verstehen, daß sie dazugehören und ertragen werden müssen wie eine unbesiegbare Epidemie. Diese mangelhaft befähigten Literaten leben den Frust über ihre Unzulänglichkeit in Zerstörungsversuchen der höher Begabten aus. Sie versuchen ihre Wichtigkeit durch parteiische Anteilnahme an einzelnen Strömungen und Karrieren der Theaterszene zu establieren.

Am schlimmsten aber ist der Mißbrauch der medialen Macht dieser Leute, wenn sie versuchen, unter dem Vorwand von Kunstkritik kulturpolitische Trends auszulösen oder auch zu vernichten. Das war damals in Wien schon schamlos, und doch noch anheimelnd idyllisch im Vergleich zu dem, was später folgte. Es ist eine dialektische Einheit: das aufklärerische integre Kunstprinzip der moralischen Anstalt Theater einerseits und die schmuddelige Destruktion und zynische Verleumdung durch die große Überzahl ihrer angeblich objektiv kritischen Begleiter andererseits. Daß es Ausnahmen unter den Feuilletonisten gibt, sehr seltene Exemplare dieser Spezies, wird sich aus dem Erinnern an eine langjährige Theaterzeit ergeben.

Zurück zur Geschichte des jungen Wiener Schauspielers (oder ist es vielleicht die eigene?), der aus dieser verrückten, verzerrten, verkommenen und eben darum aufregenden Wiener Theaterwelt nicht weg wollte. Ja, der sogar meinte, nirgends auf der Welt könnte Theater so existenzbestimmend, so unersetzlich sein, nirgends müßte so kompromißlos für die Durchsetzung des richtigen Theaters gekämpft werden.

Eines Tages bekam er ein Angebot, aufzubrechen aus Wien nach Deutschland, nach München, an die Münchner Kammerspiele. Ohne Ahnung von der Bedeutung dieses Theaters für den gesamten deutschen Sprachraum versuchte unser Mann, mit dem Angebot in Wien zu wuchern. Auch ihm – die Verführung war, wie man sieht, ziemlich groß – erschien es nun möglich, in einen der Großbühnenkönigshöfe aufzusteigen. Schrecklich die Enttäuschung, als ihm ein seriöser und kluger Wiener Theaterdirektor herzlich zum Münchner Engagement gratulierte und ihn somit aus Wien verbannte. Dem Manne sei Dank. Der Schauspieler hat Glück gehabt.

2. KAPITEL

Theaterhauptstadt München

München – damals Ende der fünfziger Jahre und später immer wieder und eben jetzt auch die Theaterhauptstadt des deutschen Sprachraums. Die Münchner Kammerspiele waren in den Nachkriegsjahren und danach bis 1963 das führende Theater Deutschlands. Nichts davon wußte ich, als mir ein glückliches Geschick mein erstes Engagement an diesem außergewöhnlichen Theater bescherte. Von Wien nach München zu gehen hatte etwas vom Gang ins Exil, in die Diaspora. Daß umgekehrt der Weggang aus Wien eine Art Entkommen aus der Theaterprovinz bedeutete, kam erst einige Zeit später ins Bewußtsein.

Intendant der Münchner Kammerspiele war damals Hans Schweikart. Der Gründer des Theaters und langzeitige Leiter Otto Falckenberg war 1945 gestorben. Nach kurzem Intendanten-Zwischenspiel von Erich Engel, dem Regisseur vieler vergnügter Durchhaltefilme der Nazis – vorher und nachher war er ein sehr guter Freund Bert Brechts – übernahm Schweikart die Leitung des Theaters für lange, intensive und Maßstäbe setzende 16 Jahre. Die Suche nach der Wirklichkeit auf der Bühne wurde im Gegensatz zu dem immer unerträglicher werdenden, in hohlem Pathos erstarrten Bardentheater, das sich noch aus dem sentimental feierlichen Gehabe des Nazi-Theaters herleitete, die Maxime der Kammerspiele in München unter der Leitung Schweikarts, seiner Regisseure und seines Ensembles.

Wenn es im deutschsprachigen Theater je den idealen Typus eines Intendanten gegeben hat, so war es Schweikart. Mit einer selbstverständlichen Autorität begabt, führte er sein Theater mit einer heute nicht mehr bekannten Vornehmheit und Distanz. Seine Intellektualität war nie verletzend, weil die überlegene Aura, die ihn umgab, alle Mitarbeiter, künstlerische und nichtkünstlerische, einschloß. Aggressionen, erzwungene Unterwerfungen waren daher unnötig. Wenn er durch sein Theater ging, glaubte man ihn aus Glas, so zerbrechlich, vermeintlich durchschaubar und doch spröde war er. Automatisch sorgte jeder für den entsprechenden und offensichtlich notwendigen Abstand, für den beherrschten Tonfall ihm gegenüber. Trotz dieser Ferne, die er unausgesprochen verlangte, waren die meisten, vor allem seine Schauspieler, auf ihn fixiert. Sie lieferten sich ihm aus und wollten zu ihm gehören, selbst dann, wenn sie sich vernachlässigt fühlten. Das kam auch bei Schweikart vor. Zum einen, weil er sich einzelnen manchmal entzog. Auf diese Weise demonstrierte er Unzufriedenheit mit deren Arbeit, auch Ablehnung von Beschäftigung außerhalb des Theaters. Damals wurden schließlich nirgends so viele deutsche Filme gedreht wie in München, und nirgendwo gab es so vorzügliche Darsteller wie eben an den Kammerspielen.

Zum anderen gibt es für jeden Schauspieler in jedem Theater Perioden der unbefriedigenden Beschäftigung. Es fehlen im Spielplan entsprechende Rollen. Solche Durststrecken werden dem Intendanten auf polemische, oft ungerechte Weise aufgerechnet. Sie wurden auch Schweikart hinter vorgehaltener Hand zum Vorwurf gemacht. Aber nie wurde das Gefühl des Zu-ihm-gehören-Wollens aufgegeben. Hinzu kam, daß die Kammerspiele perfekt organisiert waren, der Intendant sein Theater von Erfolg zu Erfolg führte und sich alle Mitglieder des Ensembles zu Recht sozusagen als Adelsstand der deutschsprachigen Schauspielerei verstanden.

Das Vorbildhafte der Theaterverhältnisse in diesem Theater hatte natürlich auch mit den damals streng hierarchischen Strukturen an den deutschsprachigen Bühnen zu tun. Sie unterstützten die Autorität einer Persönlichkeit wie der Hans Schweikarts. Trotzdem war das Ungewöhnliche, das Unverwechselbare die individuelle Qualität dieses Mannes.

Effiziente, wenn auch manchmal übertrieben unterwürfige Hilfsperson war ihm der spätere Münchner Generalintendant August Everding. Er entlastete Schweikart entscheidend bei der Alltagsarbeit der Theaterleitung, aber seine allzu häufigen und allzu tiefen Bücklinge machten mißtrauisch. Er, nach eigener Aussage Jesuitenzögling, versuchte seinen Einfluß auf Schweikart einerseits und auf die Mitarbeiter andererseits durch manch undurchsichtige und unberechenbare Aktion zu verstärken. Das machte ihn bald nach Beginn seiner Tätigkeit im Ensemble unbeliebt. Als er dann 1963 auf Initiative Schweikarts dessen Nachfolger als Kammerspiele-Intendant wurde, ließ er den scheidenden Schweikart in dessen letzter Spielzeit spüren, daß er in den Planungen des Hauses überflüssig geworden war. Dieser Mangel an Treue und Solidarität machte ihn so unbeliebt, daß sieben junge und jüngere Schauspieler die Kammerspiele schweren Herzens verließen, weil sie bei einem Intendanten Everding nicht arbeiten wollten. Aus Schweikarts letztem

Intendantenjahr ist sein verbürgter Satz überliefert: „Wenn ich gewußt hätte, was August mit meinem Theater und mir macht, hätte ich es ihm nie gegeben."

Die perfekten Arbeitsvoraussetzungen in Schweikarts Ära waren der Anlaß für die führenden Regisseure des deutschen Theaters, in diesen Jahren an den Münchner Kammerspielen und mit dem unvergleichlichen Ensemble dort zu arbeiten. Die inhaltliche Zusammenarbeit zwischen Autoren, Dramaturgen und Schauspielern eröffnete dem wienflüchtigen jungen Schauspieler Einsicht in Arbeitsweisen, die er vorher nicht gekannt hatte.

Die Schauspieler dieses Theaters sahen die bedingungslose Selbstdarstellung nicht als das Ziel ihrer künstlerischen Arbeit an. Man wollte miteinander an wesentlichen alten und neuen Stücktexten arbeiten. Und man drängte zu den großen Regisseuren, die hier arbeiteten. An erster Stelle war das Fritz Kortner, dann Karl Paryla, Paul Verhoeven, Peter Lühr, Heinz Hilpert, Leonard Steckel und eben der Intendant Hans Schweikart. So unterschiedlich sie waren, so einte sie doch die kompromißlose Wahrheitsfindung für das Theater. Da stand Schweikart, der Meister der naturalistischen Szene und Erfinder eines Theaterunderstatements, das es zunächst nur in seinen Aufführungen gab, dem exzessiven, noch aus dem Expressionismus herzuleitenden Kortner gegenüber, dessen Schmerzempfindlichkeit für textliche und schauspielerische Verlogenheit so groß war, daß er sie mit Wortgewalt, ungeheurem Zeitaufwand und körperlicher Bedrohung, ja mit Zynismus gegen einzelne Schauspieler, der etwas Zerstörendes für die Betroffenen hatte, bekämpfte. Dazu kam der von Phantasie und Temperament und politischen Visionen überquellende Karl

Paryla. Während Schweikart und Kortner auf die Psychologie des Individuums fixiert waren, ob es sich nun um Figuren von Tennessee Williams oder Shakespeare handelte, brachte Paryla die politische Idee des Kollektivs ins Theater.

Man bedenke, es war Ende der fünfziger, Anfang der sechziger Jahre. Karl Paryla kam aus der DDR, in die er mit einem Teil der Wiener Scala-Truppe emigriert war. Als anläßlich des Besatzungsendes in Österreich und durch den damit verbundenen Abzug der russischen Truppen aus Wien dem „Neuen Theater in der Scala" die Zuschüsse entzogen wurden, war damit das Ende dieses beim bürgerlichen Wien so unbeliebten Theaters gekommen. Am traditionsreichen Deutschen Theater in Ost-Berlin arbeitete Paryla einige Jahre als Regisseur und Schauspielerprotagonist. Seine Identifikation mit dem Sozialismus in der DDR war stark, wenn sich auch sein Wiener Theatergenie nicht immer mit den kollektiven Theorien, die er verteidigte, verbinden ließ. Aber gerade dieser Widerspruch, verbunden mit seiner überwältigenden komödiantischen Kraft, beeindruckte viele der jungen Schauspieler der Kammerspiele und ließ uns eine neue Art Theater kennenlernen.

Mit ihm und einigen jungen Regisseuren, die sich in Schweikarts Theater ausprobieren durften, suchten und entdeckten wir die gesellschaftspolitischen Dimensionen in den Stücken, an denen wir arbeiteten.

Für uns Theaterleute begann damals eine Entwicklung, die ihren klärenden, auch zerstörerischen Höhepunkt in den Ereignissen der Revolte von 1968 finden sollte. Welch ungewöhnliche Chance war das für uns! Einerseits Schweikart, der jeden falschen Ton, jeden Verrat an der Wahrheit unserer Zeit strikt verhinderte, uns für die Wirklichkeit, die uns umgab und mit der wir lebten, hellhörig und empfindlich machte. Der die Schauspieler dazu brachte, sich selbst so genau erforschen zu können, daß jedes theatralische Getue sich sofort von selbst verbat. Seine Aufführungen waren leise und von einem sehr persönlichen, sehr dem Alltäglichen abgehörten Ton getragen.

Andererseits Kortner, der ebenfalls keine falschen Töne, Haltungen, Gefühle zuließ. Bestimmt von einem unerreichbaren Ausmaß der Emotionen, des Ausdrucks der Leidensfähigkeit, der schmerzlich genauen Untersuchung der Texte. Seine Herausforderung waren die großen Klassiker, insbesondere Shakespeare. Er war imstande, die für uns heutige Menschen unerreichbar scheinenden gedanklichen und emotionalen Dimensionen klassischer Texte aus den Schauspielern herauszuzwingen. Dieser Prozeß hatte etwas Gewaltsames, auch Erniedrigendes, Denunzierendes. Man mußte Dinge von sich preisgeben, die im Dunkel lagen, die preiszugeben man nie für möglich gehalten hatte. Kortner entriß mit Hilfe der Stücktexte und seiner persönlichen, durch seine Biographie noch potenzierten Kraft den Darstellern Teile ihres Unbewußten. Wollte man ihm folgen, mußte man sich diesem schmerzlichen Selbsterkennungsprozeß ausliefern. Ich wollte und habe fast alles, was ich über mich als Schauspieler gelernt habe und vom Theater weiß, Fritz Kortner zu verdanken.

Die Probenarbeit mit Kortner ging damals täglich von zehn bis siebzehn Uhr und nach einer zweistündigen Pause von neunzehn bis dreiundzwanzig Uhr. Und dieser Zeitaufwand ging bis zu fünf Monaten, je nach Größe des zu probenden Stückes. Dieses zwanghafte, fast ausschließliche Zusammensein über so lange Zeit führte zu Krisen. Man wollte nicht mehr. Sich ständig bedingungslos ausliefern zu müssen, führte zu Aggressionen. Man provozierte Kortner, versuchte es wenigstens. Man hatte keine Chance, er war immer ein wenig schneller, ein wenig kraftvoller.

Kortner ging beinahe nach jeder Probe in die Halle des den Kammerspielen gegenüber auf der anderen Seite der Maximiliansstraße liegenden Hotels Vier Jahreszeiten. Nach einer Probe – ich hatte mit einer Depression zu kämpfen, die mich angesichts der scheinbaren Unlösbarkeit einer Szene überfiel – fragte mich Kortner, ob ich ihn in die Vier Jahreszeiten begleiten wollte. Ich war fasziniert von der Möglichkeit, mit Kortner ein privates Gespräch führen zu können. Aber schon im nächsten Moment beschlich mich die Angst, daß Kortner, meiner schauspielerischen Anfängerungeschicklichkeit überdrüssig, die Gelegenheit nützen könnte, mir mitzuteilen, daß er genug habe, daß es mit mir aussichtslos sei und er mich daher umzubesetzen beschlossen habe. Ich folgte ihm also aufgeregt und bange in die vornehme Halle des traditionsreichen Hotels. Kortner setzte sich in einer Ecke in einen alten Lehnsessel, in dem er, wie ich später feststellte, immer zu sitzen pflegte und dem ich in den Jahren danach, als es ihn, den unübertrefflichen Wegweiser, nicht mehr gab, bei jedem Besuch in den Vier Jahreszeiten meine Reverenz erwies. Erst kürzlich hat eine neue Geschäftsleitung des Hotels dieses alte Möbel, diese ehrwürdige Reliquie, aus der Hotelhalle entfernen lassen. Auf meinen Hinweis, daß dieser Lehnstuhl einen historischen Wert besäße, da er doch der Ruheplatz des großen Kortner gewesen wäre, sah ich höflich hilflose Augen und bekam die verwirrte Antwort, man werde den Sachverhalt prüfen lassen: „Wer bitte hat sich in dem Lehnstuhl ausgeruht?"

„Fritz Kortner". „Aha! Ich werde mir den Namen aufschreiben". Sic transit gloria mundi.

Damals aber saß ich auf einem Stuhl, der etwas niedriger war als Kortners Lehnstuhl, und erwartete mein Urteil. Nichts geschah. Mit halb geschlossenen Augen saß Kortner vor mir und sagte nichts. Ich natürlich auch nicht. Wagemut war nicht angesagt. Man brachte uns zwei Tassen Kaffee. Nach einiger Zeit begann Kortner seinen Kaffee schluckweise zu trinken, ohne dabei aus seinem vermeintlichen Halbschlaf zu erwachen. Nachdem wir gut eine Stunde so gesessen hatten, sagte Kortner plötzlich: „Trinken Sie Ihren Kaffee, wir müssen nach Hause gehen". Hastig gehorchte ich und schüttete den bis dahin unberührten Kaffee hinunter. Kortner stand auf, zahlte und ging. Ich hinter ihm her. Vor der Tür blieb er stehen, sah mich an und sagte: „Wir sind nicht blond, wir müssen immer besser sein. Gute Nacht". Drehte sich um und ließ mich stehen. Ich war erschlagen, erschöpft und euphorisch. Keine Depressionen mehr, die Selbstzweifel wie weggewischt. Von da an bekam ich des öfteren die Gelegenheit, mit Kortner in der Halle des Vier Jahreszeiten zu sitzen. Und es ging dabei gesprächiger zu.

Schweikart, der Wirklichkeitsfanatiker, Paryla, der politische Komödiant, und Kortner, der Seelenöffner, das waren die widersprüchlichen, aber wegweisenden Maßstäbe für ein Ensemble, in dem für inhaltslose, egomane Selbstdarstellung, wie ich sie in Wien erlebt hatte, kein Platz war: Hans-Christian Blech, der wunderbare, zu früh verstorbene Robert Graf, Peter Lühr, Friedrich Domin, der alternde große Schauspieler, der den größten Teil seines Schauspielerlebens an Schweikart gebunden hatte. Bei den Frauen: Erni Wilhelmi, die so nach innen gewendet Theater spielte, daß es immer Probleme mit ihrer Verständlichkeit gab. Gertrud Kückelmann, die leicht Verletzliche, und Maria Nicklisch, die große Dame des Ensembles, entschlossen, ähnlich wie Domin ein Theaterleben bei Schweikart und seinen Nachfolgern ausschließlich an den Kammerspielen zu verbringen. Die Genannten an der Spitze und das ganze hochqualifizierte Ensemble prägten den besonderen intellektuellen, naturalistischen, manchmal exzessiven Stil dieses Theaters.

Am schönsten war dies an der Größten, an Therese Giehse zu beobachten. Ihre Gelassenheit, ihre intellektuelle Souveränität, gepaart mit einer gänzlich uneitlen Bescheidenheit, aber auch mit einer zuschlagenden Kraft und zarten Poesie, stellte das Theaterprinzip der Kammerspiele in allen möglichen Erscheinungsformen dar. Sie hatte sich an Brechts Theater orientiert, aber zu Hause war sie hier in München, in den Kammerspielen.

Die Eindrücke für den jungen Schauspieler waren verwirrend zuerst dann immer lehrreicher und aufklärerischer. Theater als Medium künstlerisch bewegter humaner Selbstfindung und dann, – und das war wirklich neu – eine unbekannte Richtung weisend, als Forum politischer Analyse der gesellschaftlichen Lebensbedingungen.

1961 siedelte sich in München ein aus der DDR geflüchteter Autor und Dramaturg an, Heinar Kipphardt. Ursprünglich Arzt, Psychiater, wechselte er in Ost-Berlin vom Krankenhaus Charité als Chefdramaturg an das Deutsche Theater. Dort, unter der Leitung Wolfgang Langhoffs, trat Kipphardt auch als Theaterautor in Erscheinung. Nun war er in München, und somit gab es eine Instanz, die die verworrenen und ungenauen Vorstellungen über politisches Theater, wie es in Ost-Berlin gemacht wurde, klären konnte. Kipphardts Forderungen nach einem gesellschaftspolitischen Theater, welches Aufklärung und politische Erziehung zu leisten hatte, präzisierte unsere verschwommenen Vorstellungen. Das Dokumentarische war wichtig, die epische Qualität einer Aufführung im Sinne von Brechts Theatertheorie, die Brecht im Berliner Ensemble, seinem berühmten Ostberliner Theater, umsetzte. Das individuell Psychologische, die emotionale Äußerung der Bühnenfiguren war hinderlich, weil die dadurch beim Publikum ausgelösten Reaktionen gefühlsbetont waren und so die Möglichkeit des distanzierten Mitdenkens und Lernens verhinderten.

Das faszinierte uns. Es klang einleuchtend und es war neu. Nur, wie sollte dieser Theaterbegriff mit unserer aktuellen Arbeit in München in Verbindung gebracht werden? Wie paßte die distanzierte Theaterform, ihre epische, also undramatische Haltung, zu Schweikarts Individualpsychologie oder gar zu den Höhepunkten existenziell bedrohlicher Emotionsstürme Kortnerscher Theatergewalt? Auch Parylas theatralische Revolutionsaufrufe waren unbeherrscht, maßlos, getragen von einem überschäumend komödiantischem Talent, das das Publikum mitriß, zum Lachen und Weinen brachte, aber keineswegs in Distanz zum aufklärenden Bühnenvorgang beließ. In seinen Aufführungen war höchstens durch Mitleiden oder Mitgenießen zu lernen, nicht durch ruhiges, emotional nicht verzerrtes Reflektieren.

Wir, vor allem die jungen Theaterleute, gerieten in ein schwer auflösbares Dilemma. Wir hatten eine neue Theaterform kennengelernt, theoretisch nur, aber sehr überzeugend vorgetragen durch Heinar Kipphardt. Doch wir konnten sie nicht anwenden, sie paßte nicht zu unserer Art Theater zu machen, und alle Versuche, das wohl nur teilweise begriffene System in unserer Arbeit unterzubringen, mißlangen. Bis in die siebziger Jahre litt die Theaterarbeit im deutschen Sprachraum an der Unmöglichkeit, diesen Widerspruch zweier gegensätzlicher Theaterprinzipien zu überwinden.

Ein Beispiel dafür, wie sehr dieser Konflikt alle Theaterleute beschäftigte, ist Hans Schweikarts Inszenierung von Brechts „Das Leben des Galilei". Er hatte mit Domin in der Titelrolle eine wunderschöne Aufführung geschaffen, die Brechts Lehrhaltung vernachlässigte, umso mehr aber die dramatische Lebensgeschichte der Hauptfigur bilderreich und emotionell erzählte. Eine kulinarische Aufführung würde man so eine Arbeit 20 Jahre später genannt haben. Da er aber angesichts Brechtscher Forderungen an die Spielweise seiner Stücke dem erreichten Ergebnis mißtraute, lud er zu den Endproben den ausgewiesenen Brecht-Freund und erfahrenen Brecht-Regisseur Erich Engel aus Ost-Berlin ein. Der kam, sagte wenig, schien befremdet, aber beeindruckt. Fragen, die wir, die Schauspieler der Aufführung, ihm stellten –, da war doch einer, der es aus spezieller Kenntnis seiner Brecht-Vergangenheit genau wissen mußte – beantwortete er nicht oder knapp herablassend und undeutlich.

In Erinnerung blieb eigentlich nur ein eher nebensächliches Ereignis. Er bestellte in der Kantine der Münchner Kammerspiele eine Flasche Coca Cola, hob sie gegen das Licht, sagte: „Dieser amerikanische Dreck", und trank sie aus. Am nächsten, dem Generalproben-Tag, war er verschwunden. Ob diese Szene wohl dem Kanon des politischen Theaters entnommen war? Diese Fragestellung war uns damals noch vollkommen fremd.

Die theoretischen Widersprüche sollten sich schon bald auch in dramatisch greifbaren Konflikten darstellen. Das aber war einem theatergierigen Menschen wie mir viel näher. Peter Palitzsch und Manfred Wekwerth, die beiden nächsten Schüler und Mitarbeiter von Bertolt Brecht, waren nach dessen Tod die führenden Regisseure des Berliner Ensembles. Palitzsch und Weckwerth inszenierten immer gemeinsam, galten als unzertrennlich und schienen – Wekwerth als der theatralisch aktivere, Palitzsch als der reflektive, kritische Teil des Tandems – einander als dialektische Einheit unentbehrlich zu sein. Es war undenkbar, daß einer den anderen verließ. Und doch tat dies Peter Palitzsch. Er ging in den Westen und ließ Manfred Weckwerth in Ost-Berlin zurück. Große Aufregung! Von Verrat war die Rede, von einem unverzeihlichen politischen Sündenfall, vom persönlichen Betrug Palitzschs an Wekwerth. Als dann Palitzsch in seiner ersten Inszenierung im Westen, Brechts „Der Prozeß der Jeanne D'Arc zu Rouen 1431", die bösen Engländer in roten Kostümen auftreten ließ, war der Skandal groß. Mit sehr deutlichen Zeichen hatte Palitzsch seinen Begriff des epischen Lehrtheaters in das bundesrepublikanische Theater mitgebracht. Diese Arbeit entstand in Kurt Hübners Ulmer Theater. Dort arbeiteten Palitzsch und Peter Zadek mit dem Ensemble, das Kurt Hübner mit seinem später zurecht gerühmten Gespür für neue Entwicklungen und neue Personen am Theater zusammengeführt hatte.

Als einige Jahre später Peter Palitzsch in Stuttgart die Leitung des dortigen Schauspiels übernahm, machte Kipphardt den Versuch, das gestörte Verhältnis zwischen Palitzsch und Weckwerth wiederherzustellen. Ich als Österreicher und allen handelnden Personen fremd, wurde ausgewählt, Palitzsch in Stuttgart aufzusuchen und auszuloten, ob eine Versöhnung möglich wäre. Als nicht vorbelasteter Emissär wurde ich beauftragt, eine objektive Bewertung des Konflikts zu versuchen. Viel bewirken konnte ich nicht. Ich erinnere mich an ein nächtliches Gespräch bis in den frühen Morgen, an dem auch Palitzschs Chefdramaturg und intimer Arbeitspartner Jörg Wehmeier teilnahm. Ich habe damals einiges über die Arbeitsweisen und Verhältnisse des DDR-Theaters erfahren. Ich meine auch begriffen zu haben, daß Palitzsch nicht nur dem politischen Druck gewichen war, sondern auch der nach Brecht immer puristischer werdenden und so erstarrenden Theaterform des Berliner Ensembles. Da ihn die depravierte Form des Ulbrichtschen Sozialismus abstieß, konnte ihn auch die immer leerer, weil formaler werdende Theatermethode nicht mehr halten. Sein Gegenüber Weckwerth stand überzeugt und ohne Veränderungswillen zu beiden, dem Ulbricht-Staat und dem dogmatischen Umgang mit dem Brechtschen Theatererbe.

Ich fuhr zurück nach München und konnte zur von Kipphardt gewünschten Wiederherstellung eines unwiederbringlich verlorenen Verhältnisses nichts beitragen. Mir war aber klar geworden, daß eine Verbindung des Theaterbegriffs, den ich an Schweikarts Kammerspielen in unübertroffener Qualität gelernt hatte, mit den Methoden des Lehrtheaters und seiner epischen Form, wie sie Bert Brecht vorgegeben hatte, nicht möglich war. Man mußte sich entscheiden. Noch war das einfach. Noch gab es Schweikart, Kortner, Paryla und alle die anderen, die dieses unverwechselbare Theater ausmachten. Noch dominierten diese Vorbilder das Theaterleben des jungen Schauspielers.

Noch war das Leben in München, der damals wachsten, künstlerisch und intellektuell führenden Stadt Deutschlands, voller Lustgewinn und genossener Atemlosigkeit.

Der Einschnitt – für mich war das Schweikarts Ende als Intendant – stand erst bevor. Die gesellschaftlichen Widersprüche, die sich in diesen Jahren aufbauten, machten vor dem Theater nicht Halt. Die Traditionen schienen verbraucht und sollten radikal beseitigt werden. Zunächst bestand die Veränderung nur in der Abschaffung des Vorhandenen, das Neue war unklar, nicht definiert. Die unkritische Übernahme von Theaterformen des anderen deutschen Gesellschaftssystems war ein erster Befreiungsversuch. Eine grundsätzliche Lösung schien das aber nicht zu sein. Man konnte seinen politischen Überdruß an den vorgefundenen Verhältnissen verdrängen, indem man eine ideologisch unbekannte Ordnung für sich in Anspruch nahm. Für die Theatermacher des Westens hieß das – bürgerlich, also theoriesüchtig wie man war –, die Theatermethoden aus Ost-Berlin, so weit man sie aus ihrem gesellschaftlichen Kontext gelöst überhaupt begriff, der eigenen Theaterarbeit unkontrolliert und ohne Analyse der eigenen Verhältnisse überzustülpen. Persönlichkeiten von der Bedeutung Kipphardts oder Palitzschs waren also nicht nur Berichterstatter und Zeugen eines anderen, fremden gesellschaftlichen Systems, sondern sie wurden zu Gurus einer besseren Welt und daher auch Theaterwelt gemacht, denen gegenüber Hinterfragung überflüssig und daher verboten war.

Eine ganz neue Art des Mitläufertums entstand. Man lief mit, empfand auf dumpf romantische Weise pseudorevolutionär und wußte nur, daß alles Existierende im Theater und auf der Welt überholt war und weg mußte.

Für die Weiterentwicklung der Theaterkunst schien diese Haltung unerheblich. Aber so unintelligent und wenig analytisch die Auseinandersetzung begann, aus einem Gefühl der Unzufriedenheit und Richtungslosigkeit, so eröffnete sie doch einen Diskurs, der parallel zur gesellschaftlichen Entwicklung immer genauer, bewußter und radikaler zu Wandlungen auch des Theaters Ende der sechziger und Anfang der siebziger Jahre führte. Aus der diffusen Unruhe entstand eine Veränderung, die notwendig war, aber schmerzlich werden sollte. Auf den aufrechten Gang ihrer prägenden Personen wird ebenso hinzuweisen sein wie auf die Vielzahl der Parasiten, die unter der Maske des Fortschritts brutal die eigenen Interessen durchzusetzen versuchten. Die Unterscheidung, wer zu welcher Spezies gehörte, war damals schwer. Auch für den jungen Schauspieler, den die neuen Ideen erfasst hatten, als er die letztlich wunderbar harmonischen Münchner Kammerspiele verließ und einige Zeit später nach einem Umweg über Harry Buckwitz' Frankfurter Theater in Berlin landete, von Erwin Piscator gerufen. Aber Piscator, der richtungweisende politische Regisseur der Vornazizeit, war, als ich Berlin erreichte, gestorben. Die politische und künstlerische Herausforderung der Berliner Jahre hatte neue Namen und andere Perspektiven gefunden.

3. KAPITEL

Theaterhöhepunkte:
Von Kortner und Schweikart bis Dorn

Noch aber sind die Münchner Kammerspiele Schauplatz und Anlaß für Theatererinnerung, müssen es sein. Sie sind mehr als ein Theater. Sie sind das Synonym für die entscheidende Theateridee, die über flüchtige Moden und kurzatmige ästhetische Behauptungen hinweg verteidigt werden muß. Vom Gründer Falckenberg über Hans Schweikart zu Dieter Dorn, unterbrochen von den schwächeren Perioden des Erich Engel, August Everding und Hans-Reinhard Müller ist sich dieses Theater immer treu geblieben. Die sorgfältige Auswahl der Texte, die Zusammenstellung eines außergewöhnlichen Ensembles und die Bindung der besten Regisseure an das Haus, die unter der Führung der regieführenden Intendanten in ausführlicher Probenarbeit für höchste Qualität sorgten, machten die Kammerspiele unabhängig von feuilletonistischen Angriffen und Hinweisen auf Theaterformen, die in ihrer Kurzlebigkeit überall Unzulänglichkeit und sogar Zerstörung der Theaterkunst verursachten. Nicht daß die Kammerspiele der Hort vertrockneter, entleerter Konvention gewesen wären, im Gegenteil, sie entwickelten in den vielen Jahren ihres Bestehens die grundsätzliche, unersetzliche Art des Theatermachens weiter.

Angesichts des heute so oft geforderten multimedialen Theaters, wo viele Formen der unterschiedlichsten Künste Platz finden müssen und der Schauspieler zum zweitrangigen Demonstrationsmaterial verkommt, ist die Besinnung auf den Ursprung der theatralischen Kunst besonders anzuraten. Am Beginn des uns bekannten Theaters steht die Zusammenführung aller Künste. Bild, Musik, Literatur waren immer und sind für immer die unentbehrlichen Träger eines Theatervorganges. In der Mitte aber steht der Schauspieler, der Mensch als zentrales Kunstereignis. Keine andere Kunst kann sich derart auf ein humanes Zentrum berufen wie eben das Theater. Alle Veränderungen, die das Theater selbstverständlich und als unverzichtbarer Teil des menschlichen Lebens, der menschlichen Gesellschaft durchmacht, ändern nichts an diesem Grundsatz. Das Theater erstarrt nicht, wenn es sich immer wieder auf den Menschen, auf den Schauspieler beruft, weil der Mensch, als politisches Gesellschaftswesen ebenso wie als das seine intime Existenz verteidigende Individuum, andauernd und unvermeidlich durch die Wirklichkeit, das Kollektiv, die Massenpsychologie wie durch die Evolution der Natur einer Entwicklung und Veränderung unterliegt. Und so im Zustand dauernder Veränderung erscheint der Schauspieler auf der Bühne und wird zum Garanten eines sich und seine Kunst weiterentwickelnden theatralischen Ereignisses.

Multimedial und progressiv war das Theater immer; und die sich selbst programmierenden Erneuerer, Modeclowns und unzulänglichen Mitspieler einer pseudokünstlerischen Szene haben dem Theater mehr Schaden zugefügt, als für den theatersüchtigen Beobachter oft erträglich erschien.

Der Beobachter, das Publikum, ist bei jeder Aufführung der andere Teil, der zusammen mit den Theaterleuten das Kunstereignis jedes einzelnen Abends erst möglich macht. Nur die Symbiose zwischen beiden Teilen entscheidet über den Kunstwert einer Vorstellung. Eine Bühnenprobe, und sei sie noch so perfekt, gilt nicht. Die Entscheidung fällt erst in der Konfrontation mit dem Publikum. Dies ist ein anderer, unersetzlicher humaner Aspekt des Theaters. Die einzige Kunst, wo ein Mensch ein Kunstwerk und die Begegnung mit anderen Menschen Voraussetzung des Kunstereignisses ist, bleibt an die menschliche Existenz gebunden, unsterblich, weil Teil des fortdauernden Lebens. Dieser Zusammenhang macht das Theater unzerstörbar und läßt die Theatermacher, die diesen Grundsatz erkannt haben und zu ihrer Maxime machen, Maßstäbe setzen und dümmliche Moden überleben. Und es ist unerheblich, ob das Ereignis Theater auf den großen Staats- und Stadtbühnen stattfindet oder in Räumen, die sich die Theateravantgarde erobert hat. Die Arbeit der Avantgardetheater ist – und das muß klargestellt werden – für die Weiterentwicklung der Theaterkunst unentbehrlich. Die Suche und Erforschung neuer Inhalte und Formen durch eine Vorhut von Theaterkünstlern, die sich dem Wagnis von Expeditionen in unbekannte Bereiche der Formensprache des Theaters aussetzen, ist eine immerwährende Notwendigkeit von Theaterarbeit.

Theaterleute, die solche Wege suchen und einschlagen, sind nicht nur zu bewundern und zu fördern, sie sind unersetzlich für den Fortbestand der Theaterkunst. Und sie sind derart theaterbesessen und seriös motiviert, daß sie mit pseudoavantgardistischen Mode- und Scheinkünstlern nicht verwechselt werden können. Der Teufel soll diese Theaterparasiten holen, diese Scharlatane, Selbstdarsteller und Erfinder von

Reizen auf der Bühne, die sinnlos sind und der Befriedigung professionell ermatteter Zuschauerroutiniers dienen.

Die Münchner Kammerspiele haben diesen Grundsatz eines humanen Theaters immer verteidigt. War es Zufall, war es der wunderbar intime Theaterraum, waren es die Vorfahren, die an diesem Haus gearbeitet haben und meist ihr Leben lang geblieben sind, daß sich immer wieder die besten Theaterleute in den Kammerspielen versammelten? Diese Vorfahren treiben sich immer noch in der Erinnerung herum, durchstreifen die Phantasie und bestehen rechthaberisch auf einer Theaterqualität, die kein Entkommen ins alltägliche Theaterkunstgewerbe zuläßt.

Auf wen von denen, die da vorbeigeistern, soll man sich zuerst berufen? Für mich ist das keine Frage. Auf Fritz Kortner. Der Heimkehrer, der Emigrant. Aus seiner künstlerischen Heimat, der deutschen Sprache, vertrieben in die angelsächsische Emigration, führte er einen aussichtslosen Kampf, seine Sprachgewalt in die fremde Sprache zu übertragen. Dann die Rückkehr in die eigene Kultur, in das eigene Idiom. Hier wurde er konfrontiert mit einer neuen Ausdrucksweise, der Sprache des Nichtssagens, des Verschleierns, des Ausweichens. Mit der ihm eigenen Gewalt nutzte er das Theater, um seine Sprache des Aufklärens, der persönlichen Freiheit, der Wahrheit durchzusetzen. Er ging vorsichtig und langsam, aber unbestechlich genau mit der zu erneuernden Sprache um. Seine berühmten Pointen und Aphorismen, die oft oberflächlich schnell und ungenau nachgeplappert werden, entstanden bedächtig, schwerfällig, fast stockend. Kein Wort wurde leichtfertig eingesetzt, um nicht in vergnügt boshafte Belanglosigkeit zu verfallen. Was er sagte traf, oft bissig gewaltsam oder zynisch, aber immer unbestechlich. Ein verbitterter Mann, dem in der Mitte seines Lebens ein wesentliches Stück seiner Theaterbiographie geraubt wurde, hatte seine Liebesfähigkeit weitgehend verloren. Das einzige, was ihn beinahe in kindliche Laune versetzte, was so etwas wie die Möglichkeit zur Liebe in ihm auslösen konnte, waren Schauspieler. Nicht viele nahm er in seine verschlossenste Sphäre auf. Aber einen doch und den besonders: Karl Paryla.

Dieser letzte große Komödiant der Wiener Schule tanzte mit seiner entfesselten Dynamik und seiner verkommenen Unschuld den Regisseur Kortner schwindlig. Er war unschuldig, weil er sein Leben, die Welt, die Menschen letzten Endes wunderbar fand. Für ihn waren sie der Lüge unfähig und taumelten daher dem endgültigen Triumph entgegen. Er war verkommen, weil er als Schauspieler und Regisseur alle Täuschungen und Taschenspielertricks der alten fahrenden Komödianten kannte, die das Theater oft besonders vergnüglich und besonders unverläßlich machen. Kortner war dieser Mischung hingerissen verfallen und gab Paryla die Bühne uneingeschränkt für seine Tänze frei. Und während es Kortner im Zuschauerraum vor Vergnügen schüttelte, merkte er nicht oder wollte nicht merken, daß Paryla das Maß verlor und Grenzen sprengte, die Kortner ansonsten unnachgiebig setzte. Die Begegnung der beiden brachte das Theater an seinen nicht mehr so oft zu findenden Ursprung zurück. Es war ein Moment unwiederholbaren Glücks für Kortner, Paryla und jene, die den schicksalhaften Vorzug hatten, dabei sein zu dürfen.

Als Kortner, zum letzten Mal als Schauspieler auf einer Bühne, in den Münchner Kammerspielen den

Krapp in Becketts „Das letzte Band" spielte, war das wie eine Zusammenfassung, eine Abrechnung seines künstlerischen Lebens. Die Einsamkeit, die Verbitterung der Bühnenfigur, ihre verbliebene Möglichkeit, sich nur mehr in sich selbst zu erkennen, der Verlust jeder denkbaren Kommunikation und schließlich die verwischte Erinnerung an ein nicht wiederholtes Liebeserlebnis als winzigen, armseligen Glücksmoment – das alles wurde mit einer schonungslosen Selbstpreisgabe dargestellt. Dazu kam, daß Kortner, nicht mehr gesund, sehr schwer Text behalten konnte, schlecht hörte und ihn der vom Stück vorgeschriebene Umgang mit der Technik eines Tonbandgerätes völlig überforderte. Obwohl man ihm ein stillgelegtes Tonbandgerät auf die Bühne stellte, das vom Tonmeister aus der der Bühne gegenüber liegenden Tonkabine bedient wurde, bedurfte es einer Anzahl von Regieassistenten, die für das Publikum unsichtbar mit auf der Bühne standen und Kortner mit verschiedenfarbigen Taschenlampen Einsätze und Abläufe während der Aufführung signalisierten. Das Zusammentreffen der Bühnenfigur Krapp in ihrem Endstadium von Leben und des Schauspielers Kortner, dessen erschöpfte Physis kaum mehr bühnenfähig war, ergab eine kopf- und herzzerreißende Wirkung. Die Drohung eines schrecklichen Endes, nur vom Hinweis auf die minimalen Glücksmomente eines Lebens unterbrochen, bleibt unvergessen.

Viele haben sich später in der Nachfolge Fritz Kortners gesehen. Diejenigen, die sich am lautesten auf ihre künstlerische Herkunft aus Kortners Theaterherrschaft berufen, kommen über einige anekdotische Zusammenhänge nicht hinaus. Weder mangelnde Redlichkeit noch unzureichendes Talent erlauben einen Hinweis auf den übergroßen Vorfahren. Einer, der sich nie auf Kortner berufen hat, zeigt noch die erkennbarste Verwandtschaft: Peter Zadek. Sein raumgreifender theatralischer Zugriff, seine unberechenbare Phantasie und sein zynischer Blick auf die Verhältnisse seiner Umwelt ergeben einen vergleichbaren Ansatz seiner Theaterarbeit. Und trotzdem keine Übereinstimmung. Kein Vergleich ist zulässig.

Zadeks Biographie berührt die Münchner Kammerspiele nur sporadisch. Anders ist es mit dem wesentlichen Regisseur der nachfolgenden Altersklasse, Dieter Dorn. Er hat seine künstlerische Arbeit mit den Kammerspielen verbunden und die Vision dieses Theaters auf beispielgebende Weise fortgesetzt. Teil einer Theatergeneration, in der Claus Peymann den Bühnenmond anheult, um aufzufallen, Peter Stein in der immer akademischer werdenden Exegese von Texten sein großes Talent versickern läßt, ist Dorn am nächsten bei einer analytischen Textarbeit und dem Umgang mit dem von ihm aufgebauten, auch heute noch besten Schauspielensemble im deutschen Sprachraum geblieben.

Der Glanz der Münchner Kammerspiele wäre von Dorn und seiner Gruppe ungebrochen weiterentwickelt worden, hätte nicht ein Schickeria-Intellektueller der Münchner Szene, zum Kulturdezernenten der Stadt ernannt, ahnungslos als eine seiner ersten Amtshandlungen Dorn aus den Kammerspielen vertrieben und eine Ära der schicken Theaterzerstörung eingeleitet. Daß dieser Herr namens Julian Nida-Rümelin für seine Münchener Barbarei mit der Berufung zum Kulturstaatsminister in die Bundesregierung Gerhard Schröders belohnt wurde, wirft ein bezeichnendes, aufschlußreiches Licht auf die derzeitige Wüste deutscher Kulturpolitik.

Aber noch bleibt die Hoffnung, daß die introvertierte Kunstfähigkeit eines Dieter Dorn auch an der neuen Wirkungsstätte, im Bayerischen Staatsschauspiel, die Grundsätze von Theaterarbeit gegen die spekulativen Kunstbetrachtungen eines immer frivoler agierenden Feuilletons durchsetzen wird. Er tut es lautlos, ohne die unaufhörliche Selbstdarstellung vieler seiner Kollegen nachzuahmen. Deswegen werden seine Arbeit, sein Ensemble, sein unverzichtbarer Theaterbegriff immer wieder herablassend kommentiert. Er scheint nur auf eine Weise nicht zeitgemäß zu sein: Er verweigert der schlagzeilenhungrigen Presse das Material, um Sensationen zu präsentieren. Seine Arbeit, eine Fortsetzung der Kunstereignisse, mit denen seine künstlerischen Vorfahren die Kammerspiele groß gemacht haben, eignet sich nicht dazu, kunstfreie mediale Events daraus zu machen. Also scheint der Mann nicht wirklich gut zu sein.

Im Gegenteil: er ist Gott sei Dank für die fragwürdige, sich vielfach selbst korrumpierende aktuelle Theaterszene des deutschen Sprachraumes und ihre parasitären journalistischen Mitläufer viel zu – ja bewunderungswürdig – gut. Der erste, weil unbestechliche Regisseur seiner Generation. Ein Leuchtturm also, der manche bedrückende Entwicklung des Theaters sichtbar macht. Sein liebevoller Umgang mit Schauspielern, seine langjährige Treue zu seinen Ensemblemitgliedern ist ein Hoffnungsschimmer für alle, die den wunderbaren, aber meist schmerzensreichen Beruf des Schauspielers wählen.

Es bedarf einer ungewöhnlich stabilen Psyche, um den Wechsel zwischen Euphorie und Demütigungen zu ertragen, den das Leben eines Theatermenschen, insbesondere eines Schauspielers, mit sich bringt.

Zu Tausenden drängen jedes Jahr aufs Neue junge, intelligente und meist besonders sensible Menschen zum Theater. Jeder von ihnen glaubt, der eine Besondere zu sein, und er muß es glauben, sonst ist seine Chance auf künstlerisches Fortkommen gleich null. Einige haben Glück und werden an den wenigen guten Schulen ausgebildet. Die meisten aber werden von vielen unzulänglichen Begabungsvernichtungsanstalten sowie von verkrachten Schauspielerexistenzen, selbst ernannten pädagogischen Fachleuten, verdreht. Ihre Begabungen werden verdorben, ihre künstlerische Zukunft zerstört. Immer noch kommen viel zu viele an die Theater, zum Fernsehen und zum Film. Die erste Chance ist noch verführerisch einfach zu erreichen. Man ist frisch, unbekümmert, es gibt viele Rollen für junge Mädchen und Männer, und schon meint man es geschafft zu haben. Die wirkliche Auslese beginnt aber erst jetzt.

Handwerkliche und Begabungsmängel entscheiden zunächst über das Ende eben erst begonnener Laufbahnen. Die so Zurückgewiesenen haben noch Glück gehabt, sie können ihr Leben neu planen. Für die Begabten, aber noch Unfertigen beginnt ein leidvoller Weg. Noch reichen die handwerklichen Voraussetzungen, Sprachbeherrschung, körperliche Souveränität und intellektuelle Beweglichkeit nicht aus, die gestellten Anforderungen zu erfüllen. Hilfe ist nötig. Die aber bekommt nur, wer den richtigen Regisseur, die richtigen Schauspielerkollegen hat, wer im richtigen Theater engagiert worden ist. Die jetzt erst erkannte eigene Unzulänglichkeit zieht schwere psychische Krisen, Depressionen nach sich. Aufzugeben liegt nahe.

Die wirklichen Begabungen überstehen diese Phase der nun erst erfolgten Annäherung an die Schauspielkunst. Zu diesem Zeitpunkt ist ein Rückzug aus dem Theater und eine neue Lebensplanung meist nicht mehr möglich. Auch finden die ersten Erfolge, künstlerische Bestätigungen statt. Das Selbstgefühl erlebt euphorische Augenblicke, die ein Aufgeben undenkbar machen.

Ab diesem Zeitpunkt beginnt das, was man Karriere nennt. Bei ganz wenigen findet sie ein Ziel an einem der vier, fünf großen Theater deutscher Sprache und in der Befriedigung durch die Arbeit an großen oder wichtigen Rollen. Ein Rest von Unzufriedenheit bleibt selbst bei den großen Schauspielern. Es gibt immer noch wesentliche Rollen, die man nicht gespielt oder nicht mit dem richtigen Regisseur gearbeitet hat. Andere weichen zum Fernsehen und Film aus. Dort sind die Arbeitsmöglichkeiten wesentlich begrenzter. Man ist gefragt, ein paar Jahre, dann ändert sich der Bedarf, die populäre Mode, und die Karrieren versanden. Der dritte Weg aber – die meisten müssen diesen gehen – endet an einem kleinen oder mittleren Provinztheater. Die Rollen sind größer oder auch kleiner, die wirtschaftliche und soziale Lebenssituation ist unbefriedigend und schutzlos. Der Kündigung, (Nichtverlängerung heißt das beim Theater) ist jeder Schauspieler jährlich ausgesetzt. Jeder Wechsel der Theaterleitung ist fast gleichbedeutend mit Engagementverlust.

Spätestens in der Mitte des Lebens stellen diese meist unglücklichen, unzufriedenen Schauspielerexistenzen ihr Scheitern fest, ohne eine reelle Chance auf Rückzug und Neuanfang. Der unvermeidliche Absturz ist besonders groß, da am Beginn die Möglichkeit, die Ambition, vielleicht der Fanatismus vorhanden waren, einen künstlerischen Weg zu wählen, für den individuelle Fähigkeiten wie Intelligenz, künstlerische Sensibilität, eine unverwechselbare Begabung vorhanden waren. Es hat dann nicht gereicht, die Zähigkeit sich durchzusetzen war zu gering, niemand hat geholfen, vielleicht hat aber auch das Glück gefehlt. Etwas Besonderes ist verloren, verramscht worden.

Soll man einen so riskanten, leidvollen, zerstörerischen Weg einem jungen, zum Theater drängenden Menschen abraten? Soll man zu verhindern suchen? Ich, der junge Schauspieler mit seinen Anfängen an den Münchner Kammerspielen, komme mir in Erinnerung. Das entscheidende Vorsprechen bei Hans Schweikart und seine Frage: „Wollen Sie, wenn wir Sie engagieren, riskieren, daß Sie das nicht spielen, was Sie spielen wollen und müßten?" Und meine schnelle und freche, aber Gott sei Dank richtige Entscheidung, bedingungslos „ja" zu sagen.

Man kann nicht abraten, denn vielleicht verhindert der falsche Rat im falschen Augenblick die explosive Entwicklung einer noch nicht sichtbaren Begabung, vielleicht zerstört ein vorschneller Rat die Erfüllung eines individuellen und daher unersetzlichen Lebensprogramms. Und vielleicht führt der glückliche Weg eines jungen Ratsuchenden zu einem Theater, einem Ensemble, das einer der wenigen verbliebenen kompetenten Theaterleiter und Regisseure führt, wie Dieter Dorn einer ist, die einem Theatermenschen letzten Endes die Erfüllung seiner künstlerischen Utopien verschaffen. Ein glücklicher Weg für wenige.

In einer Zeit, in der das Theater zunehmend künstlerischer Willkür unterliegt, schreitet die Degradierung der Schauspieler unaufhaltsam fort. Die vermeintliche Emanzipation der Schauspieler in einem multimedial ausgerichteten Theater ist in Wirklichkeit eine verhängnisvolle Orientierungslosigkeit. Es gibt kaum mehr Regisseure und große Schauspielerkollegen, die einem nachdrängenden jungen Schauspieler Maßstäbe vorgeben. Noch einmal, bevor er die Wiege deutscher Theaterkunst, die Kammerspiele in München, aus seiner persönlichen Erinnerung entläßt, kommen dem damals jungen Schauspieler Begegnungen mit manch großem Schauspielervorbild in den Sinn, dem er viel Erlerntes, viel intuitiv Erfaßtes und viel Bewunderung für die Meisterschaft der Theaterkunst verdankt. Ich hatte gegen Ende meiner Münchner Zeit die Ehre, in Nestroys „Lumpazivagabundus" – mit Attila Hörbiger als Knieriem und Romuald Pekny als Zwirn – den Leim, den Dritten im Bunde des liederlichen Kleeblatts, zu spielen. Karl Paryla führte Regie.

Mit Pekny, einem außergewöhnlichen Schauspieler, der damals zum Kern des Schweikart-Ensembles gehörte, hatte ich schon mehrmals gespielt und verdankte ihm manch inhaltliche und theaterhandwerkliche Erkenntnis, die mir auch in späteren Jahren unentbehrlich und hilfreich sein sollte. Aber nun stand ich bei Probenbeginn dem Schauspieler gegenüber, dem ich besondere Verehrung entgegenbrachte – ich glaube nicht, daß junge Schauspieler auch heute noch mit ähnlichen Empfindungen großen alten Schauspielern begegnen –, den ich für den ersten und wichtigsten Schauspieler des deutschsprachigen Theaters hielt: Attila Hörbiger.

Ich stand ihm gegenüber, und es verschlug mir die Sprache.

Die Proben begannen quälend. Ich war unfähig, aus der bewundernden Beobachterrolle herauszukommen. Ich stand sozusagen mit offenem Mund, staunend vor dem Verehrten und fühlte mich außerstande, die szenischen Anforderungen, die an mich und meine Rolle gestellt waren, auch nur im geringsten zu erfüllen. Paryla, mit dem ich schon mehrfach und erfolgreich gearbeitet hatte, wurde ungeduldig und begann mit Quälereien. Ein Gang über die Bühne wurde in Kortnerscher Manier einen ganzen Vormittag immer wieder von mir verlangt, bis ich so verkrampft und steif war, zwei linke Füße und zwei linke Hände zu haben schien, so daß eine Lösung des szenischen Problems unmöglich schien. Es war Parylas untauglicher Versuch, meine Blockade zu lösen.

Attila Hörbiger als mein Partner machte in der zu erarbeitenden Szene alle Parylaschen Therapieversuche an dem ins Bodenlose gänzlicher Unbegabung zu versinken drohenden Jungschauspieler mit. Diszipliniert, langmütig und keineswegs herablassend stand er stundenlang mit vollem Einsatz zur Verfügung. Es half nichts.

Am nächsten Morgen vor Beginn der Probe, also der unweigerlich bevorstehenden Vernichtung des schlaflos gebliebenen jungen Kollegen, stand der Hörbiger vor dem Auftritt plötzlich neben mir, gratulierte mir zu meiner Leistung in der Vorstellung eines anderen Stücks, das ich am Abend vorher gespielt und das er sich angesehen hatte, und bot mir als Kollegen, mit dem er besonders gern arbeitet, das Du an. Ich war überwältigt. Das Du, damals noch ein demonstrativer Akt, Distanz zu verringern und nicht folgenloses, inflationäres Zeichen der angeblichen Verachtung zwischenmenschlicher Distanz; dieses Du, das ich von nun an zu dem für mich Größten der Schauspielzunft sagen durfte, traf mich wie ein Ritterschlag, wie die Aufnahme in einen Geheimbund der Eingeweihten. Ich ging auf die Bühne, und es gelang alles. Mehr als das, die szenische Partnerschaft mit Attila Hörbiger wurde zu einem der unvergeßlichen Genüsse meines Schauspielerlebens.

Tagelang feierte ich diese Verbrüderung, und wenn ich heute daran zurückdenke, bin ich immer noch ein wenig stolz auf dieses Du. Aus dieser Mischung aus Hilflosigkeit, Bewunderung für das Vorbild und einfühlsamer Aufnahme in den inneren Kreis der Theaterkunst war ein komprimierter Lehrgang für den sich auf Selbstsuche befindlichen jungen Schauspieler geworden.

Die Chance, heutzutage derartiges zu erleben, ist verschwindend klein geworden. Gott sei Dank gibt es noch Dieter Dorn und sein Ensemble voller großer Schauspielerkollegen und entwicklungsfähiger Jungschauspieler. Vertrieben zwar aus den Kammerspielen, aber auf einer anderen Bühne immer noch Garantie für die Unzerstörbarkeit des Theaters.

4. KAPITEL

Vatermord in Berlin und anderswo

Wir wollten es anders. Damals sollte alles verändert werden, die Welt, die Gesellschaft, die Verhältnisse sollten sich ändern und das Theater auch. Die bürgerlichen Reste einer verhaßten, aber noch lange nicht überwundenen Zeit mußten weggeräumt werden. Die politischen Väter waren nicht bereit, ihr korruptes System aufzugeben. Die persönlichen Väter waren müde gekämpft oder müde vom Mitlaufen. Die Theaterväter schienen mit wenigen Ausnahmen an alten Formen und Inhalten festzuhalten. Was sie allesamt geleistet hatten, interessierte damals nicht, konnte nicht interessieren. Wir wollten es anders, ehrlicher, neu haben. Wir wollten selbst bestimmen, wohin es mit uns kommen sollte. Aufbruch, Veränderung, neue Denkqualitäten, neue Arbeitsweisen, das war die Losung. Die Väter mußten weg! Aber wie? Das wußten damals die wenigsten.

In den verschiedenen Theaterszenen des Landes begann es – leise zuerst und chaotisch – zu rumoren. Viele von denen, die Theater in den Jahren nach 1970 bestimmten, tauchten damals zunächst unbemerkt auf. Unterschiedliche Motive prägten schon diesen Aufbruch. Da waren die politischen Theatermacher, integer die meisten, aber engstirnig, fanatisch und linientreu. Welcher Linie ihre Treue galt, war in vielen Fällen unklar. Theatralische Halbbildung verzerrte die oft unangemessenen politischen Analysen der eigenen

Arbeit und der der anderen. Manche von ihnen waren verführerisch, mitreißend und beeindruckten mit ihrer theatralischen Selbstüberzeugtheit. Das lud zum Mitlaufen ein. Richtungweisende Leitfiguren schienen das zu sein. Und tatsächlich gab es eine große Zahl junger Theaterleute, die in intellektueller und charakterlicher Orientierungslosigkeit ein neues Mitläufertum antraten. Das warnende Vorbild der Vätergeneration wurde nicht gesehen. Die selbstempfundene kollektive Integrität konnte doch mit der fatalen Mitläufertradition der Väter nichts zu tun haben.

Aber es gab auch die selbstbezogenen Karrieristen, die im Aufbruch zu neuen Verhältnissen ausschließlich die Möglichkeit der eigenen, der persönlichen Positionierung entdeckten. Die einen sofort, die anderen später, versuchten sie sich die neu entstehenden Kollektive und ihre aus mangelnder Organisationsfähigkeit begründeten Schwächen zunutze zu machen. Lächerliche Figuren, die sich wie Revolutionsführer aufführten und die Ehrlichkeit manch eines Veränderungswilligen schamlos ausbeuteten.

Die ersten selbsternannten Gurus tauchten auf, unbedeutend und zweitklassig noch, aber Modell für manchen später prominent und wichtig gewordenen Gruppenführer: Zynisch motiviert, aber doch außergewöhnlich begabt und intellektuell überlegen, der dem sich fortentwickelnden Theater neue Impulse, wenn auch keinen humanen Fortschritt brachte.

Schließlich gab es noch eine weitere Gruppe. Nämlich die, die den Aufbruch verpaßt oder auch nicht verstanden hatten und erst im nachhinein ihre scheinbar bequeme Lage aufgaben und sich mehr oder minder schnell einer der neu entstehenden Konstellationen anschlossen. Oder aber auch jeder der vorgefundenen

Erscheinungsformen gleichzeitig ihre Aufwartung machten. Wie sich überhaupt eine eindeutige Zuordnung des einzelnen bei dem nun in Erscheinung tretenden Theaternachwuchs nicht verbindlich machen ließ. Zu sehr mischten sich die Motive in den verschiedenen Theaterlaufbahnen. Manch einer von den Ehrlichen endete in verbissener Verteidigung seiner persönlichen Karriere. Mancher Gruppenführer wandelte sich durch gemeinsame Arbeit und gesellschaftspolitische Erkenntnis zu einem ernstzunehmenden Verfechter neuer kollektiver, politisch notwendiger Arbeitsweisen. Und das unter Hintansetzung des karrierenotwendigen Eigennutzes. Viele wollten aus den gesellschaftlichen Veränderungen lernen, ihre Halbbildung bekämpfen, um, wie sie hofften, ihre künstlerische Fähigkeit zu entwickeln. Im Rückblick muß gesagt werden, daß sich – vielleicht ist das auch gut so – nur die wirklich Begabten und, wie beim Theater schon immer, die wirklich Rücksichtslosen durchgesetzt haben.

Der Aufstand von 1968 hat die Welt verändert, aber nicht so, wie es seine Ideologen geglaubt und gewollt haben. Er hat mit der Veränderung der Gesellschaft auch das Theater verändert, aber nicht so, wie es in der traurigerweise getäuschten Phantasie vieler großer und kleiner Theaterkünstler erträumt und vorausgedacht wurde. Aber trotz aller Zweifel und Einwände, die möglich und notwendig sind: Es war ein epochaler, neue Richtungen weisender Aufbruch, der dem deutschen Theater eine junge, aufmüpfige und unverbrauchte Generation von Theaterleuten bescherte, die zwar einerseits mit Zynismus und egomaner Verkommenheit, andererseits aber auch mit Kraft und phantastischen künstlerischen Möglichkeiten die Macht in den

Theatern an sich zog, manchmal auch rücksichtslos an sich riß.

Claus Peymann, Peter Stein, Dieter Reible, Hansgünther Heyme, etwas später Jürgen Flimm und Hans Hollmann, um nur einige zu nennen, waren die Protagonisten dieser aufgehenden neuen Theaterzeit. So unterschiedlich ihre späteren Karrieren verlaufen sind, so unterschiedlich war auch ihr erstes Auftreten in der Theaterszene.

Claus Peymann beispielsweise, der dem Klischee des rücksichtslosen, immer zu lauten, immer auf Kosten der Mitwelt in den Mittelpunkt drängenden Deutschen perfekt zu entsprechen schien. In späteren Jahren hat er, so ist zu vermuten, seine Selbstdarstellung bewußt diesem Bild entsprechend gestaltet und so das Maß an Provokation und Auffallen erreicht, das ihm Erfolg bringen sollte und ja auch in beträchtlichem Maß gebracht hat. Daß seine unübertroffene Ichbezogenheit eine beeindruckende Regiebegabung, eine oft zu vermutende und nur manchmal sichtbare Sensibilität einer Künstlerexistenz verschleierte und unauffindbar machte, ist für den theatersüchtigen Beobachter weniger verlustreich als für das Großmaul Peymann selbst.

Oder Peter Stein. Hochmütig, misanthropisch, rücksichtslos, machthungrig und doch bis in die 80er Jahre der begabteste, wichtigste, ein Jahrzehnt in der Berliner Schaubühne prägende deutsche Schauspielregisseur. Wetterwendisch wechselte er seine Meinungen zum Theater, wie er es jeweils brauchte. Ich erinnere mich mancher Runde in einem Münchner Café, wo er, damals Student, unter uns jungen Theaterleuten der Münchner Kammerspiele saß, bevor er sich selbst für das Theater entschieden hatte, und unsere Theaterbesessenheit gnadenlos als Kinderei verhöhnte. Besonders boshaft ging er mit der von uns allen als Vorbild verehrten Therese Giehse um. Unbedeutend, lokale Größe, bestenfalls Folklore nannte er sie. Einige Jahre später bei einem Treffen in den Münchner Kammerspielen – ich war damals nicht mehr im Ensemble, er machte eine seiner ersten Inszenierungen (mit Therese Giehse) – erklärte er sie zur größten, zur richtungweisenden Schauspielerin und verhöhnte nun plötzlich den Einwand, daß das schon früher zu sehen und zu verstehen gewesen wäre.

Rückblickend erscheint dieser an sich harmlose Meinungswechsel deswegen erwähnenswert, weil er ein Symptom für Peter Steins Umgang mit anderen Theaterleuten ist. Mit unverstellter Arroganz wertete er die ab, die im Weg waren, mit Gnadengesten unterstütze er die, die ihm nützlich und brauchbar erschienen.

Einer von den Benutzten und danach maßlos Abgewerteten war Dieter Reible. Ein guter Regisseur, ein ehrlicher Kämpfer um neue Verhältnisse. Der theatralische Autodidakt hatte eine auffällige künstlerische Laufbahn begonnen und sollte Schauspieldirektor am Schauspiel in Frankfurt am Main werden. Er wollte mit einer Gruppe Gleichgesinnter das damals heruntergekommene Frankfurter Theater, das sich von Harry Buckwitz' Konjunkturmanagement noch nicht erholt hatte, zu neuen künstlerischen und politisch geprägten Arbeitsweisen bringen. Er war einer der ersten im deutschen Theater, der das vorhatte, und ohne sich selbst hemmungslos als Mittelpunkt zu verstehen. Stein und Peymann mischten sich ein, versuchten das Theater mit Reible zusammen zu erobern. Als es ihnen statt dessen gelang, die Berliner Schaubühne zu usurpieren, ließen sie Reible sofort fallen, ohne Rücksicht und ohne zur Kenntnis zu nehmen, daß das Reible nicht nur das Frankfurter Theater, sondern auch die Reputation als Regisseur kostete. Dazu allerdings trugen beide heftig bei. Anstatt Reible mit ins Schaubühnen-Team zu nehmen, hörte man von da an nur mehr ironische Kommentare zu Reibles Qualität. Damit war Reibles Position in Deutschland erledigt. Er rettete sich später höchst eindrucksvoll, aber ohne Aussicht auf Rückkehr, in eine langjährige Theaterarbeit in Südafrika.

Daß auch der Zweikampf um die Schaubühne zwischen Stein und Peymann keine gegenseitige Diffamierung und Übervorteilung ausließ, bis schließlich Peymann weichen mußte, läßt erahnen, mit welcher Brutalität derartige Machtkämpfe ausgetragen wurden.

In Berlin traf ich später auf Hansgünther Heyme. Er war der politisch konsequenteste unter den damals wichtigen jungen Regisseuren. Seine Integrität und Ernsthaftigkeit nahmen für ihn ein, seine Arbeitswut, seine fast bürokratisch organisierten Proben waren anstrengend, aber voll aufklärerischer Kraft. Trotzdem, schon damals hatten Arbeit und Arbeitsergebnisse bei ihm etwas Lustfeindliches. Purismus wurde der theatralischen Freiheit zum Verhängnis. Und Heyme, dessen Verdienste für die Entwicklung eines neuen gesellschaftsanalytisch definierten Theaterbegriffs nicht unterschätzt werden dürfen, blieb sich – veränderungsunwillig – derart treu, daß seine ursprüngliche Kraft unaufhaltsam abnahm und verloren ging. Er hat sich mehr als die anderen seiner Generation beim Aufbruch in eine neue Theaterzeit verbraucht. Seine Gewohnheit, nächtens rohes Fleisch zu verschlingen, wurde im Lauf der Jahre eine Attitüde, die mehr über seinen Verfall als über seine Vitalität aussagte.

Als die erste Phase der Erneuerung vorbei, der Boden für eine neue Theatergeneration bereitet war, kamen die nächsten, ein paar Jahre Jüngeren. Allen voran das Glückskind dieser Theatergeneration, Jürgen Flimm. Der immer wie der liebe Augustin ein wenig über dem festen Untergrund schwebende Theatergötterliebling brachte in die damals ziemlich verbissene Theaterszene ein Maß an Leichtigkeit, das mit schöner Leichtfertigkeit ebenso zu tun hatte wie mit der Unmöglichkeit ihn festzuhalten.

Wie einer, der beim Überqueren des Flusses immer noch einen Stein findet, der ihm Halt gibt und ihm das Weiterhüpfen ermöglicht, eroberte er folgerichtig und ohne allzu große erkennbare Anstrengung Schritt für Schritt die deutsche Theaterszene. Von Zürich nach Mannheim, weiter nach Hamburg, dann nach Köln – hier zum erstenmal als Intendant – und wieder zurück nach Hamburg. Jetzt ist er Bühnenvereinspräsident aller Theaterleute, der unpathetischste, den man sich denken kann, und dazu auch noch Schauspielleiter der Salzburger Festspiele.

Das klingt nach Jürgen im Glück und hat doch auch mancher, meist sich als sanft darstellender Brutalität und mancher Solidaritätsverweigerung bedurft. Wie hoch auch seine künstlerische Qualität eingeschätzt werden mag, sein apollinisches Flugvermögen und seine Zaubermöglichkeit, sich im richtigen Augenblick unsichtbar zu machen, sind unübertroffen. Er hat vielen Übertreibungen der ersten Welle der Theatereroberung durch die neuen jungen Theaterleute die Spitze genommen, hat dazu beigetragen, das Theater zu entideologisieren und dadurch vergnüglicher zu machen. Und trotzdem war auch er sehr entschieden an der Beseitigung der Theaterväter beteiligt.

Hans Hollmann, der ungewöhnlichste österreichische Regisseur dieser Generation, saß zu Beginn dieses Aufbruchs in Wien und dachte überhaupt nicht daran aufzubrechen. Mit sich und seinem Leben im Einklang hatte er beschlossen, in Wien am Theater in der Josefstadt als Regisseur sein künstlerisches Leben zu verbringen. Hochintelligent, mit der in Österreich bis heute weit verbreiteten Skepsis gegenüber deutscher Betriebsamkeit, lehnte er die Veränderungen in der deutschen Theaterszene ab. Ich, der junge Schauspieler voll der neuen Erfahrungen, die mit Heinar Kipphardt, mit Palitzsch, dem Leben in einer sich verändernden Theatersituation zu tun hatten, wollte dem Freund anläßlich eines Besuches in der alten Heimatstadt klar machen, daß sein Aufbruch in eine andere Theaterwelt fern von Wien unbedingt erforderlich wäre, wollte er den Anschluß an das Neue, das sich Verändernde nicht verpassen. Umsonst, seine Wiener Zufriedenheit war zu groß. Er lachte mich als einen in Deutschland unter die Räder irgendwelcher ideologischer Abartigkeiten Gekommenen nur aus.

Ein paar Jahre später, 1967, war er mit seiner fulminanten Stuttgarter Inszenierung von Horváths „Die italienische Nacht" zum Theatertreffen nach Berlin eingeladen. Ich war schon an der Berliner Schaubühne, er nun an Palitzschs Stuttgarter Schauspiel gelandet. An einem wunderbaren, für mich absurd-komischen Abend in Berlin erklärte und empfahl Hollmann mir, dem staunend Amüsierten, auf fanatische, allerdings sehr gescheite Weise die Veränderungen in Gesellschaft und Theater. Er war angekommen. Sein pragmatischer Sinn und sein unsentimentaler Kopf haben ihn in späteren Jahren, früher als andere, die pervertierten Übertreibungen des selbsternannten politischen Theaters erkennen und ablegen lassen. Das Theater verdankt ihm, dem formalästhetisch außerordentlichen Regisseur, das notwendige Gegengewicht zu manch abstruser Fehlentwicklung der spekulativen Formenlehre einer feuilletonhörigen Regiegeneration.

Das waren einige der Musketiere, die in jenen Jahren mit der Ablöse der noch tonangebenden Generation von Theatermachern begannen. Wie folgerichtig und doch weitgehend unauffällig verschwanden die bis dahin führenden Theaterleiter der damaligen Zeit. Unter anderen Karl Heinz Stroux, Hans Schalla, Ernst Haeusserman, Harry Buckwitz und in München eben Hans Schweikart.

Sie gingen angeblich, weil sie alt geworden waren und nicht weil sie verdrängt wurden. So jedenfalls war der allgemeine Eindruck. Nachgerückt sind die Vorläufer und Exponenten einer neuen Theatergeneration, die so unterschiedliche Methoden der Erneuerung einleiteten, wie ihre Motive widersprüchlich begründet waren.

Kurt Hübner mit seiner aufständischen Truppe junger Theaterleute, der alles möglich machte in seinen Theatern und keine politischen, literarischen oder ästhetischen Tabus kannte. Oder Peter Palitzsch, der in Stuttgart ein politisch festgelegtes Theater der Aufklärung im Sinne seines Lehrmeisters Bert Brecht installierte. Hansgünter Heyme nutzte die souveränen Leitungsfähigkeiten seines langjährigen Partners Claus Helmut Drese, um sich das Kölner Schauspiel zu erobern. In München hatte August Everding die Kammerspiele Hans Schweikarts geerbt und als der konservativste unter den neuen Intendanten nicht die Richtung geändert, aber durch Personenverluste im Kammerspiel-Ensemble Qualitätseinbußen hinnehmen müssen. Egon Monk und Hans Lietzau blieben nur Episoden des Übergangs am Hamburger Schauspielhaus.

Ivan Nagel schließlich übernahm für ein paar Jahre das traditionsreiche Haus, das bis Anfang der sechziger Jahre Gustaf Gründgens zur Freude des bürgerlichen Publikums und des Gründgens bis zur Bewußtlosigkeit verfallenen Ensembles leitete. Nagel, ein hintersinniger Kunsthabitué, hatte sich als Kritiker in großen deutschen Zeitungen seinen Weg ins Theater freigekämpft. Als Manipulator der Theaterszene erzielte er positive Wirkungen für sich, die nicht immer mit den Bedürfnissen seines Theaters in Einklang standen. Sein unbestreitbares Verdienst bestand in der bedingungslosen Unterstützung Peter Zadeks. Durch Zadek ging eine wesentliche Neubestimmung des deutschen Theaters von Hamburg aus.

In Berlins Schillertheater regierte seit zwanzig Jahren der Patriarch Boleslaw Barlog. Er hatte im eingeschlossenen West-Berlin ein Theater besonderer Schauspielerkultur aufgebaut, dessen Fortentwicklung mit sanftem Übergang zu neuen Theaterverhältnissen 1972 erst Hans Lietzau gelang.

Und der Vorfahre einer neuen politisch ausgerichteten Theatergeneration, Erwin Piscator, starb 1966 und hinterließ sein Theater, die Westberliner Freie Volksbühne, in ungeklärter führungsloser Situation. Von Piscator war ich nach Berlin gerufen worden. Als ich eintraf war Piscator tot. Die theatralische Lage schien chaotisch und richtungslos. Unter der Interimsleitung von Peter Stoltzenberg sollten die noch von Piscator geplanten Produktionen abgewickelt werden.

Aber plötzlich tauchten, als hätte sie das Chaos erst möglich gemacht, Hartmut Lange und Hansgünther Heyme in der Volksbühne auf. Und damit begann für die Berliner Theatersituation eine Veränderung, wie man sie sich radikaler nicht denken kann. Noch wußten wir das nicht, wußte ich es nicht, aber wir waren mitten in einer Umwälzung, die wir nicht ausgelöst hatten, die aber unser persönliches und berufliches Leben in den nächsten Jahren grundsätzlich neu bestimmen sollte.

Hartmut Lange, aus der DDR geflohener Dichter und damals kompromißloser Marxist, war einerseits der ideologische Vordenker der Berliner Theaterszene, andererseits in seinen Theaterstücken der sprachgewaltigste unter den Stückeschreibern der sechziger Jahre. Ein paar Jahre war er für das Theater entscheidender als der andere DDR-Schriftsteller, der damals erschien, Heiner Müller. Während Müller seine epigonale Herkunft von Brecht bekennend und erkennbar ableitete, verweigerte Hartmut Lange jeden Hinweis auf Vorbilder oder Nachfolge. Unter seiner kompromißlosen Führung wurden einige Theater in Berlin, allen voran die Schaubühne am Halleschen Ufer und nach und nach auch die Freie Volksbühne, zur Vorhut und politischen Kreativabteilung des Studentenaufstands von 1968. Seine Intelligenz und theatralische Überzeugungskraft motivierte einen großen Teil der damaligen Berliner Schauspieler, nicht nur zu spielen, sondern auch zu verstehen.

Wir hockten in seinem Kurs der kritischen Universität, einer privaten universitären Gegenbewegung zur damals als verbraucht angesehenen Freien Universität Berlin, den er zum „Kapital" von Karl Marx veranstaltete. Wir spielten in der Schaubühne sein ideologisch radikales Stück „Stalin als Herakles" und unterbrachen unsere eigenen Vorstellungen; wir verlasen Resolutionen und forderten das Publikum auf, statt im Theater zu sitzen sich mit uns auf der Straße den Studentendemonstrationen anzuschließen. Und das Publikum folgte uns.

Das Theater als Agitationsforum, das war eine neue Funktion, die wir nie für möglich gehalten hatten. Aber plötzlich schien das Theater aktiv und unerwartet direkten Einfluß auf die Wirklichkeit einer sich radikalisierenden gesellschaftlichen Lage auszuüben. Das Theater schien die Veränderungen nicht nur ästhetisch beschworen zu haben, sondern auch aggressiv herbeizuführen. Hartmut Lange hatte uns die Richtung gewiesen, und wir rannten.

Als ihm dann eine Kritikerjury des Freien Volksbühnenvereins den renommierten Gerhart-Hauptmann-Preis zusprach, ließ er den Versuch ihn einzufangen nicht zu und erklärte bei der Preisverleihung (die, um möglichst wenig Öffentlichkeit zuzulassen, in kleinem Kreis stattfand): „Sie zeichnen in mir einen Ihrer Totengräber aus."

Er, der radikale Marxist, hielt die Zeit für reif, der bürgerlichen Gesellschaft und ihrem Kulturbegriff den Totengesang anzustimmen. Wir, die meisten der Theaterleute, bejubelten diesen seinen Auftritt; die sogenannte bürgerliche Presse nahm die Verfolgung des erklärten Gegners auf und ruhte erst, als Langes physische und psychische Vernichtung beinahe bis zum Exitus gelungen war. Einige Zeit nach seinem provokanten Auftritt und der daraus folgenden öffentlichen Hetzjagd wurde er lebensgefährlich krank.

Erst nach Jahren, in denen sich seine Genesung mit den Reflexionen über das Erlebte und Gedachte mischte, tauchte er verändert und neu zugeordnet wieder auf. Er zog sich weitgehend aus Berlin und ganz vom Theater zurück. Wunderbare Geschichten, melancholisch, todessehnsüchtig, sprachlich von höchster Qualität sind in dieser seiner zweiten literarischen Lebenshälfte entstanden. Sie werden wahrgenommen, auch gelesen, aber der dem Autor zustehende Rang wird Hartmut Lange bis heute nicht öffentlich zuerkannt. Wenn von den Ereignissen 1968 die Rede ist, muß Lange als eine der entscheidenden Personen dieser vermeintlichen Revolution genannt werden. Wenn von den Leiden gesprochen wird, die diese Zeit für die meisten Beteiligten später gebracht hat, von den Irrtümern, den persönlichen Verlusten und den Veränderungen, die doch ganz anders gedacht waren, darf einer wie Hartmut Lange nicht fehlen. Den Siegen und Niederlagen, der Euphorie und den Katastrophen, die er erlebt hat, war die Sensibilität einer der größten künstlerischen Begabungen dieser Jahre kaum und nur unter großen persönlichen Verlusten gewachsen.

Die Schaubühne, gegründet von Jürgen Schitthelm und Klaus Weiffenbach, dramaturgisch geprägt von Dieter Sturm, war der Schauplatz einer neuen Theaterarbeit, die vor allem unter den Regisseuren Hartmut Lange und Hansgünther Heyme richtungweisend für den Aufbruch in neue Theaterformen sein sollte. Mit einer Handvoll guter Schauspieler hatte sie sich trotz bescheidener finanzieller Mittel rasch zur führenden Berliner Bühne entwickelt, die dem traditionell ausgerichteten Schillertheater trotz dessen finanzieller Überlegenheit und schauspielerischer Brillanz ihrer Theaterstars den ersten Rang abgelaufen hatte. Mit der Verdrängung überlieferter, im Pathos oder auch in plattem Individualpsychologismus erstarrter Spielweisen, die das Schillertheater unverändert auch in den aufwühlenden Tagen von 1968 anbot, hatte die entscheidende Phase der Abschaffung der Theaterväter in sehr direkter Konfrontation zweier Generationen eingesetzt. Und schon bald begannen auch in der neuen Konstellation die beim Theater unvermeidlichen Starrheiten oder Heucheleien, die so manche ungerechte Wirkung nach sich ziehen sollten.

Ein Beispiel dafür ist einerseits die Abwehr und Abneigung des damals ersten Berliner Schauspielers Martin Held gegen alles Neue, sich Verändernde, sowie der hemmungslose Opportunismus gegenüber den neuerdings bestimmenden jungen Theaterleuten des schon im Nationalsozialismus – vorsichtig gesagt – höchst wendigen Bernhard Minetti andererseits. Martin Held, den Aufrechten, vergaß das neue Theater, es brauchte ihn nicht. Er verschwand immer mehr von der Bühne, um schließlich, vom Verlust seiner künstlerischen Selbstverwirklichung buchstäblich aufgefressen, viel zu früh zu sterben. Bernhard Minetti, der sich selbst verleugnend und lobhudelnd in die Arme der neuen Theaterherren warf, wurde gnädig aufgenommen. Er durfte weiter mitspielen. Mit der Zeit vergaßen er selbst und seine neuen Herren, die doch so unbestechlich und politisch bewußt angetreten waren, seine unrühmliche Vergangenheit, so daß er uneingeschränkt und gefeiert sein Leben zu Ende bringen konnte. Charakterfest und unglücklich der eine, charakterlos und glücklich der andere.

Eine der absurdesten Situationen des deutschen Theaters in jüngster Zeit brachte die befleckten Protagonisten des Gründgens-Theaters der Nazizeit auf der Bühne des Berliner Ensembles zusammen: Marianne Hoppe und Bernhard Minetti.

Ausgerechnet nach der zum Berliner Theatertreffen ausgewählten und gefeierten Aufführung des „Arturo Ui", Brechts ironisch-bösem Hitler-Stück, überreichte die Hoppe die bei diesem Anlaß übliche und die Auszeichnung manifestierende Urkunde. Und im Namen des Ensembles der Aufführung nahm Minetti die Urkunde entgegen. Dieser lächerliche Vorgang beschreibt, wie weit die politische und künstlerische Integrität des Aufbruchs von 1968 verloren gegangen ist. Man ist wieder da, ist unter sich, wird gefeiert, und Brechts kompromißloser Text kann nichts dagegen ausrichten. Die Leiden der Veränderung, der Ernüchterung nach den atemlosen, nicht wiederholbaren Jahren in Berlin ereilten unweigerlich alle, die geglaubt hatten, endgültig in neue Dimensionen ihrer persönlichen Theatergeschichte eingetreten zu sein.

Beispielgebend für die Rückkehr zu etablierten Theaterverhältnissen ist auch die Geschichte der Schaubühne am Halleschen Ufer. Die Theaterleute, die dieses Theater inhaltlich durchgesetzt und zur Keimzelle eines neuen Theaterverständnisses gemacht hatten, waren erschöpft und für die Fortentwicklung nicht mehr zuständig. Unnötig geworden, löste sich die Truppe auf, und damit war der Weg frei für Peter Stein und Claus Peymann. Die Schaubühne hatte ihre das Theater revolutionierende Phase hinter sich und konnte nun der Schauplatz einer neuen Hochkultur des deutschen Theaters werden. So stilgebend die Arbeit von Peter Stein und seiner Truppe auch war, möglich wurde sie erst durch die Maßlosigkeit und das utopische Vermögen eines politischen und ästhetischen Aufstands, der in den Gründungsjahren der Schaubühne in erster Linie Hartmut Lange und seinen Mitstreitern zu verdanken war.

Der Einfluß dieser Theaterrevolution ging weit über das Theater, in dem sie verwirklicht wurde, hinaus. In Berlin begann der Intendant Hans Lietzau einige Zeit später im Spielplan des konservativen Schillertheaters Stücke von Hartmut Lange unterzubringen. In der Freien Volksbühne zog Kurt Hübner mit Zadek und seiner Truppe ein. In Frankfurt stand die Ära Palitzsch/Neuenfels bevor. In Köln schließlich hatte Heyme die Führung des Schauspiels übernommen. Peymann war von Berlin nach Stuttgart ausgewichen. Sie alle öffneten dem Theater neue Inhalte und erfanden veränderte Arbeitsstrukturen. Ein neuer Schauspielertypus trat in den Vordergrund. Ein Aufbruch in vielen Theatern.

Im künstlerischen Verfahren wie auch im politischen Diskurs waren plötzlich Dinge zu denken, zu sagen und auf der Bühne zu zeigen, die noch vor wenigen Jahren unvorstellbar gewesen wären. Die frühe, die wilde Schaubühne hatte es vorgemacht. Die Hindernisse waren beseitigt, alles konnte versucht, alles behauptet werden. Von wem, für wen, zum Schaden oder Gewinn des Theaters und seines Publikums? War das, was folgte, wirklich neu, und vor allem – wirklich ehrlich?

5. KAPITEL

Mitbestimmung: warum und für wen?

Mitbestimmung im Theater! Mit unterschiedlichen Motiven unternommen, war sie im Grunde Ergebnis einer Depression, die durch das Mißlingen einer politischen Bewegung ausgelöst wurde. Man hatte sich eine neue Welt innerhalb und außerhalb des Theaters erträumt und stand nun vor den Resten einer Gesellschaftsveränderung, die mit den Utopien des Beginns kaum mehr etwas zu tun hatte. Die demokratischen Verhältnisse im Land hatten sich nicht, oder nur unmerklich, verändert. Man kehrte in die gewohnten Abläufe zurück. Es war keine Revolution, auch keine Revolte gewesen. Was blieb, war die Erinnerung an einen viel zu ernst genommenen Studentenaufstand, dessen anscheinende Ergebnislosigkeit eben nur Depression und Frust hinterließ.

Wie umwälzend die Wirkungen des Aufstands von 1968 waren, zeigte sich in den Jahrzehnten danach, auf indirekte Weise. Die Gesellschaft war eine andere geworden, und mit ihr das Theater. Aber unmittelbar nach Ende der Ereignisse 1968 zog sich eine Lähmung über die politischen und gesellschaftlichen Verhältnisse des Landes. Jeder ging in seinen Bereich zurück und nahm ein unverändert erscheinendes Leben resigniert oder mit übertriebener Agilität wieder auf. In den Theatern wurden wieder dieselben Stücke gespielt wie vorher, wenn auch an vielen Orten inszeniert von anderen Regisseuren und gespielt von einer großen Anzahl neuer Schauspieler. Man redete auf den Proben viel von der gesellschaftskritischen Aufgabe des Theaters, regte sich über die politische Öffentlichkeit auf und versuchte sich einzureden, auch jetzt noch, daß das Theater der Ort sei, an dem die Aufklärung durchgesetzt werden könne. Von den Bühnen sollte die Veränderung der Gesellschaft ausgehen.

Das führte in einigen Theatern zu der Entscheidung, das, was man draußen nicht geschafft hatte, nämlich eine Erneuerung der Gesellschaft, innen, sozusagen beispielgebend, zu versuchen. Die Mitbestimmung sollte im Inneren der Theater, in den Arbeits- und Produktionsabläufen der Theaterleute eine neue Form der Demokratisierung demonstrieren. Ein ehrliches Motiv. Nur in den meisten Fällen unehrlich gehandhabt.

Es gab die vorgetäuschte Mitbestimmung, eingerichtet und einer Gruppe auferlegt, um die Führungsrolle des jeweiligen „Vormannes" umso unausweichlicher zu festigen. Es gab auch die von oben, vom Theaterleiter verordnete Mitbestimmung, die das derart gezähmte Ensemble besonders gefügig machte. Aber es gab auch ein Mitbestimmungsmodell, das integer begründet und ehrlich versucht wurde und dessen letzten Endes unvermeidlicher Untergang in organisatorischem Chaos und künstlerischer Selbstzerstörung die Untauglichkeit dieses innertheatralischen Demokratiemodells besonders schmerzlich machte.

Da muß zuerst der Schaubühne unter ihrem Vormann Peter Stein gedacht werden. Bis heute glauben die damaligen Protagonisten dieses Hauses, sie hätten Mitbestimmung praktiziert. Es stimmt zwar, daß über die Gagen aller Mitglieder des Hauses, über die Neueinstellung von Mitarbeitern, ja sogar über den Spielplan des Theaters nach verabredeten Regeln ausführlich diskutiert wurde. Es wurden auch gemeinsame Entscheidungen gefällt.

Erstaunlich nur war es, daß die Entscheidungen in überwältigender Mehrzahl dem Willen des zentralen Regisseurs Peter Stein entsprachen. Das ist zwar ein Nachweis für Steins außerordentliche Führungsqualitäten, aber keineswegs der Modellfall einer mitbestimmten Theatersituation. Einfühlsam und mit intellektueller Autorität setzte er seine Absichten, seine Meinung und seine Interessen durch.

Daß Stein so die ungewöhnliche Qualität seiner Theaterarbeit an der Berliner Schaubühne entwickeln konnte, ist für das gesamte deutschsprachige Theater entscheidender als die scheindemokratische Verfassung einer Mitbestimmung, die keine war. Der klösterliche Zustand der Truppe hätte sich auf Max Reinhardts wunderbare Rede anläßlich der Eröffnung des Max-Reinhardt-Seminars zurückführen lassen können. Sie endet: „Lernen Sie sich selbst kennen. Ertappen Sie sich unbarmherzig auf jeder Lüge. Werden Sie wesentlich. Es ist nicht die Welt des Scheins, die Sie heute betreten, es ist die Welt des Seins. Nicht wer etwas macht, kann sich auf die Dauer in ihr behaupten, nur wer etwas ist. Die Kunst des Theaters ist eine gemeinschaftliche Kunst, eine Ensemblekunst, und nur im Ensemble, in dem jeder für alle wirkt und alle für die Sache wirken, blüht das unverwelkliche Wunder des Theaters."

Aber jede Klostergemeinschaft hat eben einen Prior, dessen Gestaltungsfähigkeit und Aura über das Schicksal der Mitbrüder entscheidet.

Die Bestimmung der Steinschen Schaubühne war es, die ungestüme Kraft und politische Kompromißlosigkeit der Gründungsjahre dieses Theaters in kunstvolle Bahnen zu lenken. Stein tauschte das künstlerische Personal aus, befreite sich von Partnerschaften – wie beispielsweise von der mit Claus Peymann –, die seiner eindrucksvollen Selbstbezogenheit im Wege waren, und entwickelte mit seinem überzeugenden Ensemble eine Theaterkultur von großer ästhetischer Strenge und profunder Inhaltsanalyse, die, so modern sie sich auch gab, ein Rückgriff auf die große Vergangenheit von Max Reinhardt bis Gustaf Gründgens war.

Es entstanden zu Recht gerühmte Aufführungen, wie „Peer Gynt", die „Orestie" oder die Uraufführungen der Stücke seines Hausdramaturgen Botho Strauß. Man erinnert sich als Höhepunkt dieser Arbeit an „Trilogie des Wiedersehens", eines Schauspielerabends von ähnlicher Erlesenheit wie Maxim Gorkis „Sommergäste". Die durchaus erarbeiteten gesellschaftspolitischen Stellungnahmen dieser Aufführungen traten hinter die wundersame psychologische Deutung der Figuren, der Stücke und ihrer schauspielerischen Erfindungen zurück.

Man genoß die einfühlsam erzählten Geschichten und die wunderbare Schauspielerqualität dieses Theaters und war, ohne es sofort zu merken, zu einer neuen Blütezeit bürgerlichen Theaters zurückgekehrt. Die wilde, ungezügelte Theaterarbeit der Anfangszeit der Berliner Schaubühne war zur theatralischen Hochkultur mutiert. Nicht zuletzt durch diese Entwicklung ist die Schaubühne das herausragende theatralische Abbild der politischen und gesellschaftlichen Veränderungen der späten sechziger und siebziger Jahre des vergangenen Jahrhunderts in Deutschland geworden.

In Köln ging Hansgünther Heyme auf seine Weise mit Mitbestimmung um. Nachdem er sich einige Jahre unter seinem langjährigen Mentor und immer noch Intendanten Claus Helmut Drese einem Verdrängungswettbewerb mit allen ihm nicht genehmen Regiekonkurrenten im Haus gewidmet, schließlich Drese aus seiner Funktion vertrieben hatte und nun alleiniger Chef des Schauspiels in Köln war, verordnete er seinem Ensemble ohne Wenn und Aber die Mitbestimmung. Da für die Schauspieler das Verbleiben im Ensemble vom Wohlverhalten Heyme gegenüber abhing, gingen viele aus Existenzangst und daraus begründetem Opportunismus auf diese von oben verordnete Strukturveränderung ein.

Selbstverständlich gab es auch eine Minderheit von Mitbestimmungsbefürwortern, die sich endlich doch am Ziel einer erträumten demokratischen Erneuerung des Theaters angekommen glaubten. Nichts davon. Zuchtmeister Heyme, kompromißlos und intolerant, erzwang zum Ruhm der eigenen Person ein Verfahren in seinem Haus, welches die Demütigung der Schauspieler bis zur Unerträglichkeit steigerte. Um die intellektuellen Defizite der Schauspieler auszugleichen, wurden damals Seminare abgehalten, manche sinnvollen, viele unsinnigen Inhalts.

Ein junger Schauspieler beispielsweise wurde gezwungen, ein Referat über ein theaterhistorisches Thema zu halten, was den jungen Mann, der keine höhere Schulbildung hatte, auf rücksichtslose Weise überforderte. Er bereitete sich vor, hielt seinen Vortrag, der voller Gemeinplätze und Fehleinschätzungen war, und wurde von Heyme und seinem Dramaturgen im Rahmen einer Mitbestimmungssitzung auf zynische Weise und zum Gaudium der Anwesenden lächerlich gemacht; dermaßen gehemmt konnte er fortan seine schauspielerische Begabung nicht mehr sichtbar machen und mußte nach nicht allzu langer Zeit das Ensemble – halb verdrängt, halb fluchtartig – verlassen.

Die Kölner Theateraufführungen dieser Jahre wurden immer trockener, lehrhafter und schauspielerfeindlicher. Mit erhobenem Zeigefinger wurden die Stücke der Weltliteratur dazu mißbraucht, ideologische Positionen vorzuführen, die weder mit den verwendeten Texten noch mit der zu kommentierenden Wirklichkeit der theaterbegierigen Menschen etwas zu tun hatten. Einen lächerlichen Theaterstalinismus machte sich damals nicht nur das Kölner Theater zu eigen.

Das Publikum als Teil einer Gesellschaft, die sich in einem erst allmählich bewußt werdenden Wandel befand, war hingegen an Indoktrination nicht interessiert. Es wollte, nachdem die naziverseuchte Nachkriegsperiode beendet und die Revolte von 1968 überwunden schien, seine humanen, ökonomischen und lustbetonten Bedürfnisse im Theater befriedigt sehen. Es wollte die neugewonnene Libertinage seiner sexuellen Befreiung, wie das in den siebziger Jahren genannt wurde, in den aufgeführten Stücken wiederfinden. Und es wollte sich die bürgerlichen Traditionen des Theaters, die von fähigen Regisseuren und außerordentlichen Schauspielern vorgeführten Ereignisse theatralischer Hochkultur nicht von den politischen Lehrmeistern zerstören lassen. Es wollte lustvolle Gedanken und emotionsgeladene Geschichten und vor allem die unwiderstehlichen Komödianten in seinem Theater vorfinden.

Genau das wollte ein Theatermacher wie Hansgünther Heyme an seinem Theater unbedingt nicht haben. Politpädagogisch gefilterte Gedanken, Emotionen aus dem Theater verbannt, die Schauspieler in eine gesichtslose Anonymität gedrängt, so mußte Theater sein! Und das setzte er mit seiner verbissenen Beharrlichkeit konsequent durch. Er machte sein Theater – und das Publikum ging nicht hin. Sein Ensemble spielte zunehmend vor leerem Haus. Durch das einschüchternde System einer pervertierten Mitbestimmung unter Druck gesetzt, verhielt sich das Ensemble angepaßt und begann jeden Widerstand gegen Heymes Theaterdiktat zu verdrängen.

Es kam so weit, daß das Desinteresse des Publikums, das zunehmend ausblieb, zur Bestätigung der eigenen theatralischen und politischen Unbestechlichkeit und Qualität uminterpretiert wurde. Das führte zu der skurrilen Situation, daß Heyme und sein Leitungsteam an Theaterabenden, an denen kaum 100 Zuschauer im 800-Plätze großen Kölner Schauspielhaus saßen, vor Beginn der abendlichen Aufführung hinter der Bühne den zum Auftritt bereiten Darstellern euphorisch zu ihrer und zur eigenen Qualität gratulierten. War es doch ihrer Meinung nach der Beweis einer konsequenten Theaterarbeit, daß nur wenige Zuschauer in der Lage und willens waren, sich dieser Art von Bühnenkunst auszusetzen.

„Weil wir so gut sind, kommen so wenige Zuschauer", war der absurde Schlachtruf, den das Theater, die Schauspieler und das Publikum auszuhalten hatten. Aber das Publikum hielt es eben nicht aus. Und so kam es in den siebziger Jahren zum ersten Mal zu dem erschreckenden Phänomen, daß das Publikum nicht wegen eklatanter Fehlleistungen der Theaterleute wegblieb, sondern weil es das freudlose Theaterereignis der politischen Indoktrination nicht über sich ergehen lassen wollte.

Wo waren die unvergleichlichen Höhepunkte des so sehr benötigten Theatererlebnisses geblieben? Wo die großen Emotionen, die moralischen Positionen, getragen von den großen Schauspielern, den unvergleichlichen Komödianten, denen im Theater zu begegnen ein Lustgewinn ist? Denn die Berührung, die große theatralische Kunst bewirkt, wird sowohl von den Texten als auch den großen Interpreten und Künstlern des Theaters ausgelöst. Durch sie entsteht der das Individuum und das Kollektiv moralisch-aufklärerisch bewegende Akt. Das ist es, was das Theater für jede Gesellschaft unentbehrlich macht. Das ist es, wonach das Publikum süchtig ist. Das ist es, was die utopische Kraft des Theaters ausmacht. Nicht die politische Lehrveranstaltung auf der Bühne, die den Schauspieler in eine unbegreifliche Anonymität abdrängt, die die großen Theatertexte willkürlich ihres vom Autor vorgegebenen Sinnes beraubt, um sie als Agitationsmaterial mißbrauchen zu können.

Als das Publikum merkte, daß ihm das Vergnügen am Theater verweigert werden sollte, daß seine Lust am Schauen, Mitfühlen und Mitdenken unterdrückt und durch schematisierte politische Einflußnahme ersetzt werden sollte, begann es das Theater zu verlassen. Das Theater ist nur als kommunikative Kunst, als Ereignis in der Gemeinsamkeit zwischen den Theaterleuten einerseits und den Zuschauern andererseits, als Kunstvorgang möglich. Nun geriet es in Gefahr, seine unentbehrliche andere Hälfte zu verlieren. „Wir sind gut, weil so wenig Leute kommen", war also der absurde Aufruf zum theatralischen Selbstmord.

Verlorenes Publikum aber war nicht so ohne weiteres zurückzugewinnen. Verlorenes Vertrauen in die utopische Kraft des Theaters war nicht von heute auf morgen wiederherzustellen. Es dauerte viele Jahre, bis es Theaterleuten wie Dorn, Flimm und einigen wenigen anderen gelang, das Publikum wieder in die geschundenen und mißbrauchten Theater zurückzuholen. Daß dieser Wiedererkennungsprozeß immer wieder Rückschläge erlitt, hing mit der Hilflosigkeit einer nachfolgenden Generation von Theatermachern zusammen, die die Phase des gestrengen Polit- und Lehrtheaters durch die totale Willkür des inhaltlichen und ästhetischen Umgangs mit dem Theater ersetzen wollten.

Dieser erneute, anders geartete, aber ebenso zerstörerische Angriff auf das Wesen des Theaters, vorgetragen mit der Behauptung, dies sei eine Fortentwicklung von moderner Theaterkunst, vertrieb und vertreibt bis heute zurückgewonnene Zuschauer von neuem und nun wahrscheinlich endgültig.

Und trotzdem, das vergewaltigte und bedrohte Theater überlebt alle diese Pervertierungen, die ihm im Namen eines lächerlichen Kunstbegriffes angetan werden. Es überlebt, weil immer wieder Theaterleute auftauchen, wenige zwar, aber besessen von der unfehlbaren Wirkung des Theaters, getrieben von der eigenen künstlerischen Unbestechlichkeit, motiviert durch ihre Theaterbegabung, die die Theaterkunst zu ihrer wirklichen Möglichkeit, zu ihrer Funktion als Bestandteil der menschlichen Existenz, als Freiraum für die Psyche zurückführen.

Mitbestimmung in Frankfurt. Hier fand der seriöseste Versuch statt. Leidvoll für alle Beteiligten, chaotisch in seiner Wirkung auf die alltägliche Theaterarbeit, aber ehrlich in seiner bedingungslosen Absicht, eine neue Demokratieform im Innenleben des Frankfurter Schauspiels durchzusetzen. Peter Palitzsch, Hans Neuenfels und das Frankfurter Ensemble setzen sich ohne Einschränkung und in unerwarteter Offenheit einem antiautoritärem Versuch aus, der alle Beteiligten an den Rand physischer und psychischer Belastbarkeit trieb.

Rücksichtslos sprach man alles aus. Die eigenen Bedürfnisse und Fehlleistungen wurden ebenso thematisiert wie das Versagen und die verbliebenen egomanen Interessen der anderen. In endlosen Diskussionen wurde alles, allmählich auch höchst private Ereignisse, besprochen und dem Kommentar aller Mitglieder ausgesetzt. Anflüge von hierarchischem Denken wurden ebenso bloßgestellt wie nicht genügend kaschierte Einzelinteressen der Ensemblemitglieder. Die oft quälenden Auseinandersetzungen erreichten ein Ausmaß, das die Probenarbeit bedrohlich einschränkte, manchmal sogar lahmlegte.

Hinzu kamen politische Diskussionen, die die inhaltliche Position des Theaters in eine progressive, oft aber auch sektiererische und manchmal unverständliche Richtung führten. Der Traum von einer gesellschaftsverändernden Revolution ließ sich in einer Sparte eines Stadttheaters natürlich nicht verwirklichen. Der Versuch, im Theater eine Bewußtseinsveränderung durchzusetzen, war ein ehrgeiziges Ziel, wenn auch von Anfang an zum Scheitern verurteilt.

Die Entscheidung über Begabung und Qualität eines Künstlers läßt sich nicht durch Mehrheitsbeschluß in einer demokratischen Abstimmung herbeiführen. In der Kunst, auch der des Theaters, setzen sich Hierarchien durch, die widersprüchlich, ungerecht und unberechenbar sind. Die Bevorzugung einzelner Personen ergibt sich folgerichtig und unbeeinflußbar aus deren künstlerischer Kraft und der Ausschließlichkeit, mit der sie ihre besondere Kunstidee durchzusetzen imstande sind. Demokratische Entscheidungen können dagegen, Gott sei Dank, nichts ausrichten.

Das mußte auch die Frankfurter Truppe schmerzhaft, aber lehrreich zur Kenntnis nehmen. Schmerzhaft deswegen, weil die Auflösung des Ensembles, das Ende des Versuchs für viele Teilnehmer den theatralischen Absturz mit sich brachte, den Verlust der schauspielerischen Ausdrucksfähigkeit. In Erinnerung bleibt ein ehrlicher, integrer Mitbestimmungsversuch, der sich grundlegend von den anderen, vorgetäuschten, meist aus Selbstsucht einzelner Führungsfiguren entstandenen pervertierten Mitbestimmungsmodellen unterschied. Wer heute die helle Intelligenz und beharrliche Unbeeinflußbarkeit des hochbetagten Peter Palitzsch erlebt, bekommt eine Ahnung vom Geist dessen, was sich vor über zwanzig Jahren im Frankfurter Theater ereignet haben muß.

Die zehn Jahre, die auf die Ereignisse von 1968 folgten, waren in der deutschen Theaterszene geprägt von Versuchen unterschiedlicher Art, denen jedoch allen ein Maß von Unentschlossenheit, Suche nach Auswegen angesichts einer mißlungenen Neudefinition der Theaterarbeit und der Verlust der individuellen Entwicklungsmöglichkeiten anhafteten.

Als Theatermensch fand ich mich in einer Szene wieder, die weder die Naivität der Aufbruchsjahre noch die Unbekümmertheit meiner Berliner Kampfjahre möglich machte. Rasch hatte ich die Unsinnigkeit der Mitbestimmungsversuche durchschaut und das Chaos einer zerfallenden oder in neuem Aufbruch befindlichen Theaterzeit als unbeweglich, ja stickig oder unentschlossen und undefiniert erkannt. In dieser unklaren Lage befanden sich viele Theatermacher, die erst ein paar Jahre später ihre Linie gefunden haben und dann die Führung in der deutschsprachigen Theaterszene übernahmen.

Damals aber gab es wenig Richtungweisendes, keine maßgebenden Schwerpunkte, die zur Orientierung geeignet waren. Wer hatte Recht, wer wußte den richtigen künstlerischen Weg?

Das feudale Schaubühnentheater des Peter Stein am Lehniner Platz, Peter Zadeks wüste Provokation in Bochum, Peymanns alberne Sucht aufzufallen in Stuttgart, Heyme, der verbissene Eiferer, in Köln, oder Peter Palitzsch und seine Frankfurter Truppe bei ihrem Versuch, Heuchelei, Hierarchie und Selbstsucht aus dem Theater zu vertreiben? Abstoßend, faszinierend und manchmal auch sympathisch waren diese verzweifelten Versuche, eine Veränderung der Theaterverhältnisse herbeizuzwingen, die 1968 nicht gelungen schien. Die Aufgeregtheit solcher Theaterbehauptungen verstellte den Blick auf die wenigen konsequenten Theaterentwicklungen, die, wie sich später herausstellen sollte, für das Theater überlebensnotwendig waren.

Die Unbeirrbarkeit, mit der in erster Linie Hans Lietzau, ungerechterweise im Schatten der publicitymächtigen Schaubühne, das Schillertheater zu einer Insel der fundamentalen Theaterqualität machte, Schauspieler entwickelte und pflegte, Regisseure wie Dieter Dorn und den Dramaturgen und Regisseur Ernst Wendt förderte, haben für das deutschsprachige Theater nachhaltigere Wirkung gehabt als manch lächerliche Wichtigtuerei an den oben erwähnten Theaterorten in der deutschen Provinz. Nicht zuletzt wurde Lietzaus Schüler und Theatersohn Dieter Dorn – nach schmerzlicher Trennung, die Lietzau nie ganz verwunden hat – mit seiner Arbeit in München bis heute der Garant dafür, daß es in Deutschland immer noch ein Theater gibt, das den unqualifizierten, postmodernen theatralischen Willkürakten wirkliche Kunst entgegensetzt.

Es war aber keine Periode, um sich jemandem anzuschließen. Keiner konnte Wegweiser sein. Es hieß auf die Gelegenheit warten, den eigenen Weg durchzusetzen und gehen zu können. Als Schauspieler spielte man schöne Rollen, wo und wann sie sich anboten. Man wich zunehmend zum Fernsehen aus. Es war wie eine Wartezeit, die man mit vergnüglicher, oberflächlicher, manchmal frivoler Arbeit als reisender Komödiant zubrachte. Es war ein lukratives Darstellerleben, in dem die Leichtigkeit des Seins die grundsätzliche Theatersucht vergessen ließ. Dadurch entstand Distanz zu den Ereignissen, den Entwicklungen im deutschsprachigen Theater, die manche Personen, manche Zustände der Szene in ungewohntem Licht erscheinen ließ.

Der Theatermensch fragte sich zum ersten Mal, als scheinbar Unbeteiligter, ob der Weg, die Ambition, das Ziel richtig gewählt waren.

Immerhin gab es beim Film, beim Fernsehen Erscheinungen wie zum Beispiel den skurril umwerfenden Altmeister Wolfgang Staudte oder den intellektuellen Rabauken Dieter Wedel. Künstlerische Extreme zwar, aber unter anderen Filmemachern Leitfiguren der filmischen Arbeit. Mit beiden umzugehen war ein außergewöhnliches Vergnügen und relativierte die Ausschließlichkeit, mit der bisher nur das Theater für wesentlich gehalten wurde. Die Politik und deren Stellenwert im Film, das Denken von Geschichten in Bildern, der Zwang sein eigener Autor zu sein, die veränderte Forderung der Kamera an die Schauspielkunst und schließlich Macht und Verantwortung des Regisseurs am Schneidetisch ließen darüber nachdenken, ob das Primat des Theaters wirklich so unanfechtbar war. Die Mischung aus Arroganz und unbeantworteter Neugier dem Theater gegenüber machte die Filmemacher für den Theatermenschen unnahbar, ja unerreichbar und doch zugleich unterlegen.

Es war trotzdem eine erfrischende neue Erfahrung, Zeit mit den Filmleuten zu verbringen. Neue Diskussionen, eine andere Art des miteinander Umgehens, intensive Begegnungen, die nur für ein paar Wochen halten mußten und daher relativ konkurrenzfrei verliefen. Man war freundlich zueinander und unabhängig von Trends, langfristig angelegten Intrigen und programmatischen Übertreibungen. Und es war gut, das Theater aus der Entfernung zu betrachten, fern von Teilnahmezwängen und Verletzungsgefahr.

Aber wie angenehm man sich auch fühlte, immer wieder drängte sich der Vergleich zwischen Film, Fernsehen und Theater auf. Ein Vergleich, der sich so einfach machen ließ und der schrecklicher – oder besser großartigerweise – immer das gleiche Ergebnis hatte: Das Theater war unersetzbar von Ewigkeit zu Ewigkeit, unsterblicher Gewinner.

Die schönsten Bilder, das ungewöhnlichste Licht, die wunderbarsten Filmstars, die beste Story, die größten Filmregisseure konnten die gläserne Distanz nie überwinden, die die unvermeidliche Folge der technischen Reproduktion ist. Ob Projektor und Leinwand oder Fernsehschirm, die Kommunikation bleibt stets indirekt. Der Zuschauer kann selbst bei größter Intensität des Gezeigten nie die sterile Distanz zum reproduzierbaren Vorgang überwinden.

Wie anders das Theater, das imstande ist, das Publikum derart in sein Spiel einzubeziehen, daß die Begegnung zwischen den Menschen auf der Bühne und im Zuschauerraum ein verschlungener, erotischer Akt werden kann. Die schluchzenden, lachenden, tanzenden Schauspieler, die in jeder Vorstellung neu sind und deren körperliche und seelische Verfassung sich greifen und fühlen läßt, deren Blicke, deren Stimme, deren Bewegungen immer spontan entstehen, sind da, unmittelbar, im selben Raum, zeitgleich mit dem Zuschauer. Das Theater – durch nichts zu ersetzen –, ein erotisches Grundbedürfnis der Menschen, bleibt, wie man es dreht und wendet, immer der Sieger. Aus der durch die Kamera bestimmten Distanz wurde dieser Sachverhalt dem Theatermenschen noch klarer. Und das, obwohl viel Ungemach und Unzulänglichkeit, ermüdende Rechthaberei und Heuchelei das Theater in diesen Jahren nach 1968 belastete.

Diese Phase mußte durchgestanden, ein neuer Aufbruch abgewartet werden. Ende der siebziger Jahre begann sich das Theater der Agitationshaltung zu entledigen. Die Mitbestimmungsversuche begannen zu zerfallen. Das politische Lehrtheater ermüdete immer mehr. Die Spieler unter den Theaterleuten bekamen nun zunehmend das Sagen.

Neue Intendanten, Regisseure tauchten auf. Manche, deren man eben noch als theatralische Politkommissare überdrüssig geworden war, kamen verändert wieder. Chamäleonhafte Opportunisten der Bühne, die ihre Begabung mit Inbrunst jeder neuen Theaterbewegung andienten. Charakterlos zwar, aber verspielt, begabt und für den dunklen Teil der Fragwürdigkeit des Theaters, die geniale Unberechenbarkeit des Metiers unentbehrlich. Unter der Führung von einigen großen, unabhängigen und künstlerisch unbeeinflußbaren Begabungen wurden die muffigen Theaterzeiten der letzten zehn Jahre beiseite geschoben und die Türen einigen neu entstehenden Ensembles und einer neuen Generation des Publikums geöffnet.

Flimm in Köln, Peymann etwas später in Bochum, Dorn immer noch in München, Gerhard Klingenberg in Wien, Hollmann in Basel seien beispielhaft genannt. Auch ich als Theatermensch, vom Fernsehen längst zurückgekehrt zum Theater, bekam die Chance, mich unter die Genannten mit meinem Bonner Theater einzureihen.

Plötzlich war es wieder ein Neuanfang am deutschen Theater, nicht überall gleichzeitig, aber in vergleichbarer Richtung. Die Texte, auch die neuen Autoren, wurden wieder wichtig. Die voyeuristische, unstillbare Sucht nach Schauspielern, komödiantischen und sensiblen, psychisch gefährdeten Individualisten auf der Bühne war wieder da. Man berief sich auf die großen Vorfahren. Kortner wurde ständig als Zeuge für die eigene Kompetenz in Anspruch genommen. Ein Heer von jungen Regisseuren und Schauspielern waren selbsternannte Assistenten und Schüler des großen Vorfahren. Zweifellos mehr, als er zu Lebzeiten hätte ertragen können. Aber daß seine Arbeiten wieder zum Maßstab wurden, tat der neuen Theaterentwicklung gut. Die oben angeführten Theater lebten auf. Es wurde emotional gespielt, maßlos, wie Kinder spielen.

Die Arbeit machte Spaß, man konnte alles ausprobieren und neu erfinden. Man tanzte die jutefarbenen Brechtvorhänge von der Bühne und holte die wilden Shakespeare-Geschichten zurück. Der Umgang miteinander wurde rücksichtsloser, die Hierarchien wieder aufgebaut. Jeder duzte jeden, aber trotzdem wußte jeder, wie er sich ins System einzuordnen hatte und wer der Boß war. Die Mitbestimmung war vorbei und die Macht einzelner am Theater wurde mit feudaler Brutalität neu installiert. Man setzte sich durch, eindeutig, laut, und wenn der Zorn sehr groß war, schleuderte man schon einmal den Intendantenschlüsselbund wütend durch das geschlossene Fenster auf die Straße.

Und trotzdem, die Ensembles waren voll unbändiger Lust auf Theater. Die Schauspieler fühlten sich im neuen alten System geschützt und überließen sich ihrer Begabung und Spiellust. Neue Protagonisten tauchten auf. Eben noch durch Mitbestimmungsversuche belastet, ins Korsett eines Lehr- und Agitationstheaters gezwängt, waren sie nun wie befreit. Sie bekamen ihre Stellung im Theater neu zugewiesen und fühlten sich wohl. Sie waren zurück bei ihren Ursprüngen und niemand verlangte ihnen Leistungen und Haltungen ab, die mit ihrer unvergleichlichen Begabung nichts zu tun hatten.

Welche Chance für den Theatermenschen, jetzt auch den eigenen Weg gehen zu können. In Bonn gab es ein provinzielles, vergessenes Theater. Das Angebot, dort ein neues Schauspiel aufzubauen, war so verführerisch wie gefährlich. Ganz von vorne zu beginnen, in einem Theater, das ohne große Vergangenheit und Tradition war, an dem die Widersprüche der letzten Jahre spurlos und unbemerkt vorübergegangen waren, hatte den hybriden Reiz eines Schöpfungsaktes. Es war ein Alles-oder-nichts-Gefühl, das alle skrupelhaften Überlegungen zur Seite schob und ein selbstüberzeugtes: „Das muß ich versuchen und es wird gelingen" im Kopf des Theatermenschen durchsetzte.

Und ich sagte: „Ja ich mache es." Als ich meinen

Entschluß Jürgen Flimm, in dessen Kölner Theater ich damals als Regisseur und Schauspieler arbeitete, mitteilte, grinste er und gab mir mit auf den Weg: „Mach es gut, aber nicht zu gut". Schließlich liegt Bonn nur 30 km von Köln entfernt.

6. KAPITEL

Die Trutz-Burg, ein Herrscherhaus

Das Burgtheater! Verleumdet, verlacht, gefeiert, bewundert, von Theaterleuten angestrebt und gemieden, ist es unüberwindbar da. In Wien an der Ringstraße gelegen, gleicht es in seiner prunkvollen Unnahbarkeit tatsächlich einer Trutzburg, die weder mit scheinbarer Nonchalance noch mit marktschreierischer Betriebsamkeit endgültig zu erobern ist. Es scheint mit zusammengekniffenen Augen grinsend auf die freie Fläche, die zum gegenüberliegenden Wiener Rathaus weist, zu blicken und seine Selbständigkeit und Unabhängigkeit durch architektonische Distanz zu seiner Umgebung zu dokumentieren. Schon sein äußerer Anblick läßt nicht den Schluß zu, die jeweilige Direktion mit zugehörigem Team könnte es beherrschen. Eher umgekehrt meint man zu verstehen, daß dieses Gebäude, diese Institution die Leitung auswählt und nach Überdruß oder auch Gutdünken wieder abstößt.

Natürlich wird die Überheblichkeit, die grandiose Selbstherrlichkeit dieses außergewöhnlichen Theaters getragen von seinem Publikum. Die auf der Welt einmalige Theaterbesessenheit der Wiener, ihre Gier nach Schauspielern auf und außerhalb der Bühne, ihre Überzeugung, das beste Theater des deutschsprachigen Raums, wenn nicht der ganzen Welt zu besitzen, gibt dem Burgtheater die Aura eines Herrscherhauses. Scheinbar unberührt überstand es die aufgeregten, aufregenden Theaterentwicklungen, die das deutsche Theater ab Mitte der sechziger Jahre durchmachte. Nur selten gab es kurzzeitig ähnliche Theaterverhältnisse wie in Berlin und anderswo in Deutschland.

Erst verspätet, ab Mitte der achtziger Jahre, ereilte das Burgtheater der Veränderungswille der Theatermacher. Zu diesem Zeitpunkt war in Deutschland bereits der Rückzug in unbedeutende postmoderne Theaterverhältnisse im Gange. Aber wirklich verändern ließ sich das Burgtheater bis heute nicht. In den letzten beiden Jahren ist es zu einer erstaunlich selbstbewußten Periode hochqualifizierter und seriöser Theaterarbeit zurückgekehrt.

Ein von Legenden und Traditionen überwuchertes Haus! Seine Eigenständigkeit ergibt sich aus seiner kulturellen Vorgeschichte wie aus der dynamischen theaterliterarischen Entwicklung der letzten Jahrzehnte in Österreich, vor allem in Wien. Die Elite der deutschsprachigen Theaterautoren kommt seit geraumer Zeit aus diesem Sammelbecken von Kultur- und insbesondere Literaturtraditionen. Das Gefühl kultureller Unabhängigkeit ließ die österreichischen Künstler und ihr Publikum dem vermeintlichen deutschen Kulturprovinzialismus mit Herablassung begegnen. Der verlorene Status als politische Großmacht ließ die Österreicher und eben besonders die Wiener ihre verbliebene Funktion als Kunst- und Kulturzentrum verbissen und eifersüchtig verteidigen.

Man ging eigene Wege, konnte sie auch gehen, hatte man doch ein unbestreitbar großes Reservoir an künstlerischen Begabungen aufzubieten. Und am Theater, dieser Droge der Wiener, war das Angebot an Talenten besonders groß. Schauspieler, Autoren und auch einige Regisseure und Theaterleiter waren vorhanden, um außergewöhnliches Theater zu machen. Vor allem im Burgtheater.

Diese Besinnung auf die eigenen Möglichkeiten führte unglücklicherweise zu einer Abgrenzung gegenüber wesentlichen Evolutionen der Künste anderswo. Das war gut und schlecht. Gut, weil es die Konzentration auf die eigene Kraft förderte und so eine Dynamik freisetzte, die zu bewundernswerten Ergebnissen führte. Schlecht, weil viele anderwärts gemachte Entdeckungen erst verspätet Einfluß auf die eigene Kulturproduktion nehmen konnten. Jedenfalls ergibt sich für das Wiener Burgtheater eine sehr eigenständige Entwicklung, die gegenüber dem, was aus Deutschland zu berichten war, in Erinnerung zu rufen sich lohnen dürfte.

Man erinnert sich an die erste große Zeit des Burgtheaters nach der Wiedereröffnung des Hauses am Ring. Ernst Haeusserman, in Sachsen geboren, in Wien auf- und eingewachsen, eroberte den Chefsessel des Burgtheaters 1959. Wie einem Joseph-Roth-Roman entstiegen, bewegte sich dieser Theateraristokrat in der Wiener Szene, als wäre sie sein persönlicher Hofstaat. Nach dem Krieg, aus der Emigration zurückgekehrt, baute er sich als amerikanischer Kulturoffizier eine Basis vielfältiger Beziehungen auf, die ihm zunächst als Direktor des Theaters in der Josefstadt und später als Burgtheater-Direktor eine unanfechtbare Machtposition garantierten.

Feinsinnig, klug und von unvergleichlicher Begabung für jede Form kultureller Kommunikation, leistete sich der egomane Zyniker ein rücksichtsloses Diktat in kulturellen Fragen. Oft im Recht, manchmal bösartig im Unrecht, beherrschten seine scheinbar bei Karl Kraus entlehnten und berechnend unaufwendig gestreuten Pointen nicht nur die Theaterereignisse, sondern auch den trivialen Theatertratsch in Wien bis in die achtziger Jahre. Seine ironische Souveränität im Umgang mit den von ihm geleiteten Theatern machte ihn bis zu seinem Tod 1984 bei vielen Theaterleuten gefürchtet. Man verehrte und man haßte ihn und erzählte sich viele Legenden, die in seiner ungewöhnlichen Theaterherrschaft entstanden.

Ungewöhnlich war sie wirklich und wie aus einer anderen Zeit. Haeusserman pflegte nämlich seine Theater, sowohl das Josefstädter Theater als auch das Burgtheater, aus dem Kaffeehaus zu leiten. Eine spezielle Telefonleitung mit eigenem Anschluß an seinem Tisch reichte, die Theater ständig im Griff zu haben. Mitarbeiter, Regisseure und Schauspieler empfing er an seinem Stammtisch nach den Regeln einer von ihm vorgegebenen Hierarchie. Zweitrangige Besucher durften sich nur für Minuten an seinen Tisch setzen und Vortrag halten. Bei bedeutenderen gab es eine Einladung zum Kaffee, und wirklich wichtig war man – es kam selten genug vor –, wenn man zu einem kleinen Imbiß gebeten wurde. Die Handhabung dieser Regeln sagte von vornherein jedem, wie er sich einzuordnen hatte.

Abends nach den Vorstellungen, die Haeusserman, theaterbesessen wie er unbestreitbar war, ständig kontrollierte, konnte man als Theaterschaffender seinen aktuellen Stellenwert in einem bekannten Wiener Restaurant überprüfen. Dort, am abendlichen Stammtisch, wurde man vom Direktor mehr oder weniger aufmerksam begrüßt, im Erfolgsfall bekam man eine Aufforderung, sich zu setzen. Den bissigen Kommentaren zur Arbeit der künstlerischen Konkurrenz oder auch zu den mehr oder weniger heimlichen Liebesaffären der

Wiener Szene zu lauschen, war ein fragwürdiges, wenn auch äußerst amüsantes Erlebnis.

Die achtunggebietenden Berichte über Haeussermans Sterben, das begleitet war von seinem Freund, dem berühmten Psychoanalytiker Friedrich Hacker, lassen alles in allem auf einen intelligenten, vereinsamten Misanthropen schließen, dessen von Selbstlust geprägtes Leben mit Grandezza und einer manchmal unerkannten Unbestechlichkeit den menschlichen Unzulänglichkeiten – besonders denen der Theatermenschen – gegenüber erfüllt war.

1959 also war dieser Ernst Haeusserman Burgtheater-Direktor geworden. Für die in Deutschland allmählich einsetzende Politisierung des Theaters interessierte er sich nicht. Aber die in der Zeit vor ihm am Burgtheater ausgearteten Selbstdarstellungsbedürfnisse der ersten Schauspieler des Hauses beendete er kompromißlos. Er wollte die Qualität der großen Schauspieler für die Arbeit an den großen Texten des Repertoires einsetzen. Sein Konzept ließ sich an den theaterliterarischen Programmen ablesen, die er plante und konsequent umsetzte. Als zentral und beispielgebend seien sein Zyklus von Shakespeares Königsdramen in Raum- und Bildgestaltung von Oskar Kokoschka und sein Antikenzyklus in den mächtigen Szenenerfindungen von Fritz Wotruba genannt. Das Ensemble machte erstmals Bekanntschaft mit den wichtigsten Theaterregisseuren dieser Zeit und mußte sich oft mit offenem und verstecktem Widerstand auf neue, ungewohnte, sehr viel tiefergehende Probenmethoden einlassen. Die Regisseure Leopold Lindtberg, Gustav Rudolf Sellner und Rudolf Steinboeck seien als Beispiel für eine veränderte Theaterästhetik des Burgtheaters genannt.

Es ist das Verdienst Haeussermans, daß er das Burgtheater vor dem Absturz in eine selbstzufriedene Provinzialität bewahrte. Die erst spät begriffenen, tiefgreifenden Veränderungen in Haeussermans Ära betrafen die Durchsetzung des Primats des Textes, die Aufwertung der Regiekunst und das Zurückdrängen der Schauspielkunst als Selbstzweck. Sehr unauffällig, ohne große Programmerklärungen wurden diese Reformen umgesetzt. Sehr österreichisch eben.

Noch einmal sei der Hinweis auf Joseph Roth gewagt: „Veränderungen waren es, die unter Tränen über den Verlust liebgewordener Gewohnheiten entstehen." Als sich Haeusserman 1968 zurückzog, tobten in Deutschlands Theater Aufruhr und politische Aggression gegen alles, was bis dahin unbestrittene Funktion der theatralischen Kunst gewesen war. Haeusserman hatte die künstlerische Entwicklung des Burgtheaters entscheidend vorangetrieben, aber mit innerbetrieblichen Demokratieversuchen wollte er nichts zu tun haben.

Sein Nachfolger, der Schauspieler Paul Hoffmann, setzte einerseits Haeussermans Linie fort, öffnete andererseits aber manchen halbherzigen Nachahmungen der deutschen Theaterverhältnisse die Burgtheater-Tore. Eine Ensemblevertretung wurde gegründet, die allerdings nicht mehr als eine Sprecherfunktion ohne Mitgestaltungsrechte hatte. Die politischen Anspielungen auf die bewegten gesellschaftlichen Verhältnisse, weniger in Österreich als in Deutschland, fand man bei Nestroy und anderen österreichischen Autoren. Man gab sich verspielt, vergnügt und wie man glaubte auch politisch.

Zentrales Element des Burgtheaters aber blieb das Ensemble, immer noch getragen von den großen Schauspielerpersönlichkeiten, die die Wiener so abgöttisch liebten und verehrten. Das Publikum machte alle programmatischen Veränderungen mit, solange sie von der Hörbiger-Familie, Josef Meinrad, Inge Konradi, Judith Holzmeister, Oskar Werner oder Albin Skoda getragen wurden. Selbst in dieser Interimsdirektion Paul Hoffmanns blieb das Burgtheater unanfechtbar bei sich selbst. Im arroganten, begabten, sturen und einmaligen Burgtheater waren Veränderungen wie in Deutschland nicht angesagt. Die Trutzburg wehrte alles ab, ließ sich ihre Unnahbarkeit nicht nehmen. Noch nicht!

Gerhard Klingenberg war der nächste Direktor. Künstlerisch geprägt durch das Ost-Berliner Theater, stark beeinflußt durch Brecht, war der gebürtige Wiener offen für die neuen Entwicklungen in Deutschland. Begonnen hatte er im Wiener Neuen Theater in der Scala, und es war ein unglaublicher Vorgang, daß ein Mitglied dieses verhaßten Kommunistentheaters Burgtheater-Direktor werden konnte. Für Sentimentalitäten ungeeignet, riß Klingenberg Türen und Fenster auf, um neue Qualitätskriterien im Burgtheater zu installieren.

Er holte internationale Regiestars nach Wien, bestückte den Spielplan zum ersten Mal mit wirklich neuen Stücken und holte Schauspieler, deren Biografie, ähnlich wie seine eigene, einen Aufstieg in die Wiener Theateraristokratie noch vor kurzem ausgeschlossen hätte. Es war für alle, die Theaterleute und das Publikum, wie ein Aufatmen, der endlich geschaffte Aufbruch in eine neue Theaterzeit. Trotz seiner überregionalen Erfahrungen, trotz seiner Vergangenheit in der DDR war der jugendliche Direktor unverdächtig. Er war schließlich Wiener und hatte außerdem schon eine Zeit im Burgtheater als regieführendes Mitglied des Ensembles verbracht.

Geschickt mischte Klingenberg in seinem ersten Spielplan zeitgenössische, internationale Literatur mit alt- und neuösterreichischen Theaterstücken und war so für sein Wiener Publikum annehmbar. Seine gesellschaftskritischen Provokationen wurden mit Neugier und Zustimmung aufgenommen. Die Zeit der Veränderung schien gekommen.

Aber Klingenberg hatte die Rechnung ohne die zunächst noch stillen, aber einflußreichen restaurativen Kräfte unter den Wiener Intellektuellen gemacht. Teile seines mächtigen und zu jeder Intrige bereiten Ensembles verbündeten sich mit einer großen Gruppe des Wiener Feuilletons, und die Jagd auf den Erneuerer war eröffnet. Seine politische Vergangenheit als Mitläufer kommunistischer Theatereinrichtungen wurde ihm plötzlich ebenso vorgehalten wie sein Mangel an inszenatorischer Fähigkeit. Als regieführendes Ensemblemitglied hoch gelobt, wurde er als Direktor-Regisseur der Oberflächlichkeit, Denkfaulheit und der unzulänglichen Schauspielerführung geziehen. Vieles wurde zwar nicht öffentlich ausgesprochen, aber als stille Post – eine wirkungsvoll zerstörerische Methode, die besonders in Wien meisterhaft beherrscht wird – weitergegeben.

Klingenbergs Lage wurde immer schwieriger. Das Ensemble, das ihn einst als Direktor vorgeschlagen und installiert hatte, sah sich in die zweite Reihe gedrängt, und das mußte verhindert werden. Die Schauspieler als Mittelpunkt des Burgtheaters sollten das bleiben, was sie immer waren: die Könige, der Selbstzweck dieses Theaters. Das mußte auf Kosten des Direktors, seiner Vision von einem inhaltlich geprägten, gesellschaftsrelevanten Spielplan und der richtungweisenden Qualität großer europäischer Regisseure gehen.

Klingenberg hatte den verhängnisvollen Fehler gemacht, die innere Ensemblestruktur des Burgtheaters unangetastet zu lassen. Ohne den Versuch einer inneren Neuordnung des Ensembles war ein neuer Weg nicht zu beschreiten. Anstatt die Aufbruchsdynamik ihres Direktors mitzumachen, die Chance einer intellektuellen Erneuerung im Umgang mit neuen und alten Theatertexten, die verändernde Qualität der großen Regisseure als persönlichen Fortschritt, als Auffrischung der eigenen Kunst zu begreifen, begann ein schleichender Prozeß der Zerstörung alles Neuen.

Die alten Traditionen wurden durchgesetzt, ihr Bestand als große künstlerische Tat hingestellt. Die unveränderte Hierarchie im Ensemble sollte der ausschlaggebende Machtfaktor im Hause bleiben. Nach nur kurzem Versuch, seine Vision einer Wiener Theatererneuerung durchzusetzen, gab der schnelle, auch pragmatische Klingenberg den Kampf auf und nutzte sein überregionales Renommé als Theaterleiter und Regisseur, um sich in Zürich eine neue Zukunft an einem führenden Theater des deutschen Sprachraums zu schaffen. Das Wiener Burgtheater hatte das Nachsehen und mußte sich nach einem neuen Hausherrn umsehen.

Es soll festgehalten sein, daß Klingenbergs Direktionszeit dem Burgtheater den ersten Versuch einer grundlegenden Veränderung brachte, vergleichbar zwar mit den Bewegungen an den Theatern Deutschlands, aber sehr viel gemäßigter, weil mehr künstlerischen Aspekten gewidmet, als es im rabiaten, von politischer Revolte bewegten Deutschland der Fall war.

Erneut setzte das Ensemble seinen Vorschlag für die Besetzung der Direktorenposition durch, aber im Unterschied zur Nominierung von Gerhard Klingenberg war die Auswahl diesmal sorgfältiger. Sorgfältiger im Sinne des restaurativen Ensembles, das sich so erfolgreich des ungeliebten Klingenberg entledigt hatte. Der Neue sollte für den Erhalt der alten Ordnungen sorgen, die Bedürfnisse der Elite des Ensembles befriedigen und selbst möglichst unauffällig bleiben.

Man fand den idealen Kandidaten in einem Mitglied des Ensembles, der seine Karriere ausschließlich im Burgtheater gemacht hatte. Direkt vom Reinhardt-Seminar, der renommierten Wiener Theaterschule, war er als Regieassistent ans Burgtheater gekommen, stieg dann zum Schauspieler kleinerer und mittlerer Rollen auf, um schließlich als Regisseur und auch Darsteller einiger großer Rollen eine gewichtige Position im Ensemble einzunehmen. Mit sehr viel Bescheidenheit und einem preußisch geprägten Mutterwitz schaffte er es, bei den meisten Mitgliedern des Hauses beliebt zu sein. Da er niemanden zu beneiden schien, jedem Erfolg und Position unbestritten gönnte und außerdem eine erstaunliche Metamorphose vom dürren, die österreichische Leichtigkeit bewundernden Preußen zum gemütlichen, etwas rundlich gewordenen Wiener durchmachte, glaubte das Ensemble, in ihm den idealen Direktor gefunden zu haben. Er würde sich nicht vordrängen, er würde die Hinweise der Ensemblemitglieder verstehen und pflichtschuldigst umsetzen. Das Burgtheater konnte so einer ungestörten, von äußeren Einflüssen abgeschotteten Ära entgegensehen.

Und wirklich, die Anpassungsfähigkeit von Achim Benning, manchmal eher als Opportunismus erscheinend, gab Anlaß zu schönsten Hoffnungen. Im Jahre 1977 wurde er Burgtheater-Direktor und zeigte sehr schnell, was er in den langen Jahren gelernt hatte.

Der wunderbare Schauspieler Otto Tausig, integer

und in theaterpolitischen Fragen manchmal naiv, hatte sich als Sprecher der Ensemblevertretung bereit erklärt, seinen öffentlichen Stellenwert und seine Möglichkeiten als Publikumsliebling – in Wien von politischer Bedeutung – einzusetzen, um bei den entscheidenden Politikern Benning als Direktor durchzusetzen. Dem bei allen politischen Gremien unverdächtigen, weil jeder Intrige oder Korruption unfähigen Tausig gelang es tatsächlich, den Ensemblekandidaten den maßgeblichen Politikern plausibel zu machen. Benning wurde ernannt. Wie falsch dieser Einsatz war, erkannte der tiefverletzte Tausig erst, als ihn der neue Direktor zugunsten eines anderen, scheinbar wichtigeren Mitglieds kalt stellte. Tausig konnte es zuerst nicht glauben, versuchte immer wieder mit Benning zurechtzukommen, bis ihm schließlich, ein paar unglückliche Jahre später, nur noch die vorzeitige Beendigung seines Vertrages als Rettung aus einer demütigenden Situation übrig blieb.

Die Episode ist nur deshalb erwähnt, weil sie symptomatisch für das Verhalten dieses Burgtheater-Direktors ist. Er paßte sich der inneren Ensemblehierarchie an und traf seine Entscheidungen jeweils ausschließlich aus diesem Gesichtspunkt. Auf diese Weise erreichte er Ruhe in seinem Theater. Eine Ruhe allerdings, die dem Burgtheater teuer zu stehen kam. Zehn Jahre lang versank das Wiener Spitzentheater in Belanglosigkeit. Mittelmäßige Aufführungen, mittelmäßige Regisseure und ein zunehmend durch Abgänge wichtiger Schauspieler geschwächtes Ensemble warfen das Theater in einen für nicht möglich gehaltenen Provinzialismus zurück. Das Publikum begann sich zu langweilen und folgerichtig weg zu bleiben. Von den gesellschaftlichen Veränderungen, die verspätet zwar, aber allmählich doch von Deutschland nach Österreich und Wien vorgedrungen waren, fand sich in der Arbeit des Burgtheaters keine Spur.

Dem Direktor Benning war es gelungen, das Burgtheater zu dem zurückzuentwickeln, was es früher einmal war: Die Trutzburg, an der die Wirklichkeit abprallte. Müde geworden, mit geschlossenen Augen, wurde die Burg wieder zum inzüchtigen Schauplatz schauspielerischer Eitelkeit und Selbstdarstellung. Das brave Burgtheater hatte alle Spuren des aufmüpfigen Direktors Klingenberg erfolgreich beseitigt und erlebte in seiner neugewonnenen Unauffälligkeit eine fast zehnjährigen Ruhepause, deren einzige Qualität darin bestand, eine bevorstehende Umwälzung herauszufordern. Und diese sollte kommen!

Aber noch war Auszeit in Bennings Theater, die zehn lange Jahre dauerte. Der Fall Achim Benning beweist, wie in einem System, das feudale Strukturen aufrecht erhält, einzelne verfehlte Personalentscheidungen von andauernd zerstörerischer Wirkung für ein Kunstinstitut sein können. Ohne Visionen, ohne künstlerische Verarbeitung der gesellschaftlichen Wirklichkeit, ohne die utopische Fähigkeit, das Unmögliche in der Kunst zu verwirklichen, verkümmert ein Theater zum Klischee seiner selbst, produziert statt Denken epigonales Nachplappern, statt Emotion Sentimentalität, statt Kunst Kitsch. Und auch ungewöhnliche Schauspieler, wie die des Burgtheaters, können die gähnende Leere einer kunstfreien Periode nicht verdecken. Was wäre an anderen Theatern mit den unerschöpflichen finanziellen Bedingungen des Burgtheaters möglich gewesen!

Aber während manche Theaterentwicklung sogar unter immer unerträglicher werdendem Geldmangel durch den Selbstbehauptungswillen engagierter Theaterleute vorankam, verschlief das Wiener Burgtheater, reich und wohlgenährt, zehn Jahre lang seine eigene Zukunft. Bald sollte es wachgeküßt werden. Rücksichtslos, brutal und marktschreierisch. Ein unangenehmes Erwachen wahrhaftig, aber unvermeidlich, weil nur so Heilung gebracht werden konnte.

Claus Peymann stand vor der Tür. Er und die Seinen fielen über das Theater her als gelte es, Frau, Mann und alle vorzufindenden Ideen in einem Überfall zu vernichten. Die Radikalkur, der Peymann das Burgtheater unterzog, war für die alten Mitglieder des Hauses ebenso erschreckend wie für das Wiener Publikum. Traditionen wurden über Nacht beseitigt, lang gewohnte Privilegien für ungültig erklärt. Außerdem brachte das neue Team eine Anzahl erstklassiger Schauspieler mit, deren Anspruch und Qualität die bestehenden Hierarchien im Ensemble außer Kraft setzten. Diese Radikalität und dieses Tempo waren erschreckend, aber die einzige Methode, das Burgtheater aus seiner Agonie zu erwecken.

Wien erschrak und wandte sich zunächst beleidigt ab. Aber die Eindeutigkeit der Maßnahmen, die theatralische Qualität der neuen Mannschaft, ihre Kompromißlosigkeit im Umgang mit der Öffentlichkeit und nicht zuletzt ihr lautstark vorgetragenes Selbstlob machten die Theaterszene und ihr Publikum neugierig. Man beobachtete und nahm zunehmend begeistert Anteil an den unglaublichen Umwälzungen. Hinzu kam, daß Peymann das ewige Vorurteil, die Haßliebe der Österreicher gegen alles, was aus Deutschland kommt, perfekt bediente. Wie schon bei Karl Kraus zu lesen ist: „Schneid haben's, und was die Hauptsache ist – halt die Organisation."

Peymann war optisch und akustisch das, was man in Wien mit bewundernder Abneigung einen Piefke nennt. Bald schlug ihm Bewunderung entgegen, die Abneigung kam erst später. Schnell hatte er begriffen, daß seine meist umstrittenen Klassiker-Inszenierungen, trotz exzellenter Darstellung durch die neuen Mitglieder des Ensembles, nicht ausreichen konnten, das Wiener Publikum zu gewinnen. Mit Hilfe seines langjährigen Mitarbeiters, des Dramaturgen Hermann Beil, einem Wiener, wandte er sich den österreichischen Theaterautoren zu, die entweder in Wien vernachlässigt oder aber in Deutschland für das Theater entdeckt worden waren.

Elfriede Jelinek, die in Bonn ihre ersten Uraufführungen erlebte, wurde nun wesentliche Autorin des Burgtheaters. Peter Turrini, dessen Talent vom Theater bisher nicht kontinuierlich gepflegt worden war, ebenso. Und schließlich – und für Peymanns Burgtheater unbezahlbar – kam der österreichischste Österreichhasser aller aktuellen Stückeschreiber, Thomas Bernhard, an die Wiener Staatsbühne. Daß der Deutsche Peymann seinen Freund, den ganz aus der österreichischen Literaturtradition gewachsenen Bernhard, nie ganz begriff, ihn als Regisseur wie einen späten Schnitzler behandelte, den lebensbedrohenden Sprachzwang Bernhards in seinen Inszenierungen meist unterschlug, mindert nicht sein Verdienst, den wahrscheinlich wichtigsten Theaterdichter deutscher Sprache in der zweiten Hälfte des vorigen Jahrhunderts auf der Bühne durchgesetzt zu haben. Andere Regisseure mögen mehr Kenntnis und Sensibilität für diesen Autor aufbringen, Peymann war der erste, der ihn in Kontinuität aufgeführt hat.

Der Anfang der neuen Burgtheater-Truppe wurde

also beifällig und interessiert, mit wachsender Zustimmung aufgenommen. Das Theater hatte seine eigene, von deutschen Vorbildern unabhängige Erneuerung erfahren und schien einer goldenen Zukunft entgegenzusteuern. Wenn nicht, ja wenn nicht Peymanns unselige Sucht zur maßlosen Selbstdarstellung sowie sein unvernünftiger Versuch, Österreicher zu werden, nach den ersten erfolgreichen Jahren zum schnellen Verlust der zunächst erreichten Qualität des Theaters und zum zunehmenden Schwinden der ursprünglich vorhandenen Sympathie des Publikums geführt hätte.

Desto mehr er die Wiener beschimpfte, jedem Journalisten von seiner Vertrautheit mit seiner selbsternannten neuen Heimat erzählte, desto unangenehmer ironisch verlacht wurde sein Auftreten. Da auch seine Regiearbeiten zunehmend harmloser wurden, die Ästhetik einer das deutsche Theater beherrschenden postmodernen Albernheit übernahmen, da ihm Schauspielerstars wie Gert Voss, den die Wiener in ihren Schauspielerhimmel aufgenommen hatten, den Rücken kehrten, wurde seine Position kontinuierlich schwächer.

Ohne seine Situation am Ende seiner Burgtheaterzeit richtig einzuschätzen, glaubte er, durch abwechselnd öffentlich verkündete Abgangserklärungen und Verlängerungsabsichten das Burgtheater noch länger als die ungewöhnlich lange Direktionszeit von 13 Jahren beherrschen zu können. Er hatte nicht begriffen, daß sein zunehmend als Provokationsmethode eingesetztes „Piefke"-Image jetzt in Wien ernst genommen wurde und chauvinistisch, wie man hierzulande gerne reagiert, das Ende von Peymanns Wiener Zeit bedeutete.

Sein Verdienst aber, das Burgtheater wieder zu

einer vielbeachteten Bühne im Mittelpunkt des deutschsprachigen Theaters gemacht, ja, es vor dem Untergang in einer rückwärtsgewandten Provinzialität bewahrt zu haben, muß unbestritten bleiben. Die aufdringliche, laute und oft unverschämte Methode der Peymannschen Provokation und das leise, sanfte, oft mörderisch fallenstellende Wien, das war trotz aller gegenteiliger Bemühungen eine unrettbare Mesalliance. Nachdem Peymann nicht mehr bleiben durfte, wurde er, wie nicht anders zu erwarten, unter Tränen des Abschieds nach Hause nach Deutschland abgeschoben.

Der nächste Burgtheaterdirektor sollte vor allem ein Österreicher sein, das Haus an der Ringstraße wieder österreichisches Nationaltheater werden. Nachdem viel geredet, viel gesucht und viel intrigiert worden war, gab es den neuen, den österreichischen Direktor. Es war Klaus Bachler, weniger seiner künstlerischen als seiner organisatorischen Leistungen wegen bekannt. Skepsis schlug ihm entgegen. Würde er die künstlerische Öffnung des Burgtheaters fortsetzen können? Er kann, offensichtlich. Behutsam und unter Nutzung der immer noch unvergleichlichen Finanzausstattung des Theaters holte er alles, was im deutschsprachigen Theater von Bedeutung ist, in sein Haus. Der hilflose Unsinn, der die meisten deutschen Theater zur Zeit lahmlegt, die dilettantische Qualität einer vorbildfreien neuen Theatergeneration, deren unzulänglicher Maßstab ausschließlich sie selbst ist, das pseudointellektuelle Gehabe von Theaterleuten, die keine sind, das alles hat in Bachlers Burgtheater keinen Eingang gefunden.

Wichtige Regisseure wie Peter Zadek, Andrea Breth, Luc Bondy, Martin Kusej und andere, die unter

Peymanns egomaner Direktion das Burgtheater immer nur kurz und dann oft nicht mehr aufsuchten, finden jetzt die Arbeitsbedingungen, die ihnen den Nachweis grundsätzlicher Theaterqualität ermöglichen. Wunderbare Schauspieler, genaue Untersuchung der Texte, ungewöhnliche, aber dem Inhalt der Stücke entsprechende szenische Erfindungen bleiben für sie das entscheidende Kriterium theatralischer Kunst. Und das Burgtheater macht das möglich. Es ist beneidenswert und verdient alle Achtung für den neuen Direktor.

Und obwohl manche vertrieben geglaubten Traditionen ins Haus zurückgekehrt sind, bleibt das Burgtheater wach und neu. Die Trutzburg, die es immer noch ist, hat eine neue Aufgabe bekommen: die Verteidigung der unvergänglichen, unverzichtbaren Theaterkunst in einer Stadt, die trotz aller Ungereimtheiten, trotz Intrigen und Brutalität ein hinreißend naives, süchtiges Verhältnis zu ihren Schauspielern, zu ihren Theatern hat. Das macht sie schöner und läßt vieles verzeihen.

7. KAPITEL

Theaterleiter: Ideal und Wirklichkeit

Das eigene Theater vor Augen, am Sprung in die für ein zukünftiges Team richtungsweisende Selbständigkeit, an der Schwelle zur vermeintlich befreienden Unabhängigkeit von künstlerischen Zwängen kam es zu einem verblüfften Innehalten. Was war verloren, was gewonnen? Um diese Frage zu beantworten, mußte der kritische Blick auf die durchlebten Verhältnisse am Theater der letzten Jahre ebenso gerichtet werden wie auf die möglicherweise unerfüllbaren Utopien eines in neuer, bestimmender und daher verantwortlicher Funktion fortgesetzten Theaterlebens.

Der Aufbruch in eine Theaterwelt, die von den Karyatiden deutscher Bühnenkunst bestimmt war, das Dabeisein, die wache Bewunderung, die Naivität und lernbegierige Selbstbescheidenheit waren für den jungen Schauspieler ein Glücksfall. Es war, so erscheint es im nachhinein, die aktive Zeugenschaft für eine Ära der unwiederholbaren höchsten Leistungsfähigkeit der deutschsprachigen Theaterkunst, die damals in München möglich war. Die Wucht der Erlebnisse war so stark, daß die persönlichen Zustände, also auch Verluste ideeller und, wie es in jungen Jahren unvermeidlich ist, materieller Art, ebenso verdrängt wurden wie Verletzungen, die sich aus den egomanen, nach vorne drängenden Forderungen an das Theater ergaben. Die Spiellust, der Versuch, immer mehr in die Mitte des Ensembles, also zu Hauptrollen zu kommen, das triviale Karrierebedürfnis ließen sich nicht im gewünschten Tempo verwirklichen. Das führte zu unglücklichen, ja sogar verzweifelten Zuständen, die mit den objektiven Verhältnissen, in denen sich nicht nur der junge Schauspieler allein befand, eigentlich nichts zu tun hatten.

Weder die ungebrochene Verehrung für die ursprünglichste aller Künste, noch die aggressive selbstverletzende Ungeduld, sich bedingungslos durchzusetzen; weder die angesichts der größten Theaterkünstler gemachte Erfahrung der eigenen Unzulänglichkeit noch das frech hilflose Aufbegehren gegen die Hochbewunderten stellte die moralische Forderung, die sich an jeden künstlerischen Menschen richtet, in Frage. Die Integrität seines Handelns im Umgang mit seiner Umwelt, mit seiner Begabung und mit sich selbst durften nicht preisgegeben werden. Wie sollte es möglich sein, sich selbst zum seelischen und körperlichen Teil der humanen Kunst Theater zu machen, wenn die Grundsätze einer ethischen Selbstkontrolle verletzt oder sogar mißachtet werden?

Selbstverständlich gibt es Zyniker, die für die humane Herausforderung der Kunst nur ein verächtliches Abwinken haben. Das aber hat zur Folge, daß ihr Talent zerreißt, verloren geht und durch aufdringliche Klischees ersetzt wird. Es läßt sich nachweisen und will als ausschließlich rationales Argument verstanden werden, daß unabhängig von den manchmal unseriösen und kleinkarierten Überlebenstechniken ein grundlegendes, ethisch integres System zum Schutz der eigenen künstlerischen Fähigkeiten erhalten bleiben muß. Das ist nicht immer ein bewußter, programmierter Vorgang, muß aber notwendigerweise bewußt gesteuert werden können. Für einen jungen Theatermacher, auch wenn ihn das Glück nicht sofort ins Zentrum theatralischer Hochkultur geführt haben sollte, ist der Eintritt in den angestrebten künstlerischen Beruf eine solche Herausforderung, daß die Jahre seiner Entwicklung den Verlust der moralischen Kategorien unwahrscheinlich machen. Verzweiflung gefährdet ihn mehr als Verkommenheit.

Mit zunehmender Integration in die Theaterszene begegnen dem Theatermenschen mehr und mehr Betrügereien, Heuchelei und Intrigen. Welch günstiges Geschick, wenn er mit seinen Überzeugungen, mit der Radikalität seines Lebensentwurfs in eine Kampfsituation gerät, die das Theater, seine unveränderbare Bestimmung, in maßlose, gefährdende und kompromißlose Auseinandersetzungen um den richtigen, moralischen, gesellschaftlichen und künstlerischen Standpunkt treibt. Die Integrität eines solch kollektiven Kampfes läßt kleinliche persönliche Korruption nicht zu. Beides, die Lernzeit in der Nähe der großen Theatervorbilder und die Selbstfindung im gemeinsamen Kampf um gesellschaftliche und künstlerische Berechtigung des Theaters, machen, trotz erfahrener Irrtümer und Fehleinschätzungen, Person und Talent unanfechtbar.

Mit der Rückkehr zur Normalität Anfang der siebziger Jahre und den Machtverteilungskämpfen dieser Zeit an den Theatern, der zunehmenden Gier nach medialem Erfolg und sozialem Aufstieg in die bürgerliche Welt wurden die Kämpfe zwischen Intendanten, Regisseuren und Schauspielern brutaler und rücksichtsloser. Betrug, Intrige, bewußte künstlerische Vernichtung der Konkurrenten wurden zum gängigen Verfahren. Der Umgang mit Verträgen wurde immer gewissenloser. Der Vertragsbruch als Zeichen der persönlichen Vorteilnahme des einen auf Kosten des anderen wurden zur bis dahin in solchem Ausmaß nie gekannten, skrupellosen Selbstverständlichkeit.

Mit welcher bis zur psychischen Selbstverstümmelung gehenden Bedenkenlosigkeit verfahren wurde, soll folgender Vorgang beispielhaft belegen: Ein bekannter Protagonist, bis heute unverdienterweise bei Theater und Film beschäftigt, hatte einen Vertrag über ein Gastspiel mit einem ihm befreundeten Intendanten abgeschlossen. Eines Tages erreichte den Intendanten ein Anruf des Schauspielers, der ihm mit tränenerstickter Stimme berichtete, daß er an einem Lungenkarzinom erkrankt sei. „Weißt du was es heißt, nächtens über das Waschbecken gebeugt literweise Blut aus sich herauszupressen, und meine kleine Tochter steht weinend dabei."

Er kündigte eine unvermeidliche Behandlung und sein wahrscheinliches Ende an, was ihm selbstverständlich die Erfüllung seines Vertrages unmöglich machte. Der Intendant, erschüttert und voller Zuneigung für den Schauspieler, entließ ihn selbstredend aus der vertraglichen Verpflichtung. Nur mit größter Mühe und wesentlichem Qualitätsverlust gelang es der Theaterleitung, kurzfristig einen Ersatz zu finden.

Einige Zeit später erfuhr der Intendant, daß jener von teuflischer Krankheit geschlagene Schauspieler in der vorgesehenen Vertragszeit, statt im Theater zu arbeiten, vergnügt, geldgierig und kerngesund zwei Filme gemacht hatte. Welchen Schaden ein solcher Vorgang nicht nur dem betreffenden Theater zugefügt hat, sondern vor allem dem ehemaligen Talent dieses sogenannten Künstlers, läßt sich an der Unzulänglichkeit der späteren Leistungen des Schauspielers ablesen.

Um diesen rauhen, schmutzigen, oft bedrohlich korrupten Verhältnissen zu entgehen, gab es nur die Möglichkeit, sich in der Theaterszene weitestgehend zu isolieren, oder aber eine Pause einzulegen, Distanz zu suchen. Beispielsweise bei der damals wesentlich ehrlicheren, reelleren Film- und Fernseharbeit Atem zu holen. Ein dritter Weg zeigte sich: Der Versuch sich zu verselbständigen, einen eigenen Theatervorgang auszulösen und zu bestimmen. Ein Theater mußte gefunden werden, ein Kulturpolitiker, der das Vertrauen aufbrachte, einen Versuch zu wagen. Ich bekam die Chance, durfte ein Theater übernehmen und dort meinen unabhängigen Weg gehen.

In der Zeit von etwa 1980 – 1990 gab es einen kleinen Kreis von Intendanten, die einiges zu Konsolidierung der in den Jahren zuvor arg gebeutelten deutschen Theaterszene beitrugen und denen sich erfolgreich anzuschließen die Absicht des selbständig gewordenen Theatermenschen war. Es waren nicht viele, deren künstlerische Fähigkeit sich mit verwaltungstechnischer, organisatorischer und finanzieller Kompetenz verband. Angesichts der neuerdings zunehmend katastrophalen Leitungsarbeit in den deutschsprachigen Theatern bestätigt sich die unwiderlegbare Beobachtung, daß eine gute Theaterleitung aus sozusagen zwei Hälften, aber unbedingt in einer Person bestehen muß.

Einerseits muß der Theaterleiter aktiver Künstler sein, am besten Regisseur, um seinem Haus eine durchsetzungsfähige Kunstidee vorzugeben und mit eigenen Arbeiten zu bestätigen. Er muß Sensibilität und Kunstverstand haben, um Talente zu entdecken und einsetzen zu können. Das Gesamtkunstwerk Theater braucht die künstlerische Phantasie einer gestaltenden Persönlichkeit, die richtungweisend ist und die Verantwortung für die schöpferische Kraft der dazugehörigen Truppe übernimmt.

Andererseits muß ein Intendant, besonders wenn man die allgemeine Kulturfinanzierung in dieser Zeit in Betracht zieht, ein fähiger Manager sein, um alle haushaltsbezogenen Maßnahmen einschätzen zu können. Er muß gegenüber der öffentlichen Hand, die nur zu gerne jede Unterstützung verweigert, kompetent auftreten können, und er muß die erkämpften Finanzmittel so effizient einsetzen, daß das künstlerische Zentrum seines Theaters möglichst nichts oder nur wenig von den Einschränkungen spürt, die ihm eine meist kulturfeindliche politische Szene auferlegt.

Diese Fähigkeit, den Künstler und Manager in einer Person und in einem Kopf zu vereinen, ist die Voraussetzung für eine erfolgreiche Theaterleitung. Ein Kopf muß das leisten können, kunstsinnig und haushaltsbezogen.

Die zunehmenden Versuche der Kulturpolitiker, die beschriebenen und nötigen Fähigkeiten auf zwei Personen zu verteilen, sind ein Hauptgrund für das weitgehende Versagen der augenblicklich amtierenden Theaterleitungen. Wie soll ein zum Intendanten aufgestiegener ehemaliger Theaterbetriebsdirektor oder Verwaltungsdirektor bei künstlerischen Forderungen eines Theatermachers zwischen hybrider Übertreibung und unverzichtbarer Notwendigkeit unterscheiden können?

Der Anteil Wahnsinn, der jeder Kunstproduktion eigen ist, kann von einem solchen Theaterleiter nicht verstanden, ja nicht einmal erahnt werden. Seine Entscheidung wird also willkürlich, weil ratlos bleiben. Abgesehen von einzelnen Zufallstreffern kann das ihm anvertraute Theater nur in eine kunstfeindliche Erstarrung geraten.

Noch Anfang der achtziger Jahre hatten einige

Regieintendanten die Verantwortung in Händen. Noch gab es in München Dieter Dorn, in Köln – und danach mit zunehmendem Erfolg in Hamburg am Thaliatheater – Jürgen Flimm, Claus Peymann trieb das Bochumer Theater nach vorn. Es lohnte sich für den Theatermenschen, dem Kreis der Genannten zugezählt zu werden, war das doch die kleine Anzahl der Theaterleiter, die die Verrohung und chaotische Willkür einer nachrückenden Theatergeneration noch über eineinhalb Jahrzehnte hinweg wenigstens teilweise verhinderte. Auch einige Regisseure ohne eigene Theater zählten zu den Garanten einer grundsätzlichen und richtungweisenden Theaterkultur.

Thomas Langhoff, der später nach der Wiedervereinigung der beiden deutschen Staaten Intendant des traditionsreichen Deutschen Theaters in Berlin werden sollte, hatte seinen Theaterschwerpunkt an Dieter Dorns Münchner Kammerspielen. Oder Andrea Breth, sie war der tiefsinnige und berührende Lichtblick in Frank-Patrick Steckels Bochumer Agitproptheater- Vernichtungsmaschine. Bezeichnenderweise hielt Steckel die außergewöhnliche Andrea Breth nicht allzu lange aus, trennte sich von ihr und stand dann verlassen und ohne theatralische Zukunft in seiner Wüste.

Den angeführten künstlerischen und integren Theatermachern stand schon seit den siebziger Jahren eine zahlreicher werdende Gruppe von Scharlatanen und theaterfremden Glücksrittern gegenüber. Ivan Nagel zum Beispiel, der Kulturmachiavellist, der sich nicht scheute, als er die Intendanz des Hamburger Schauspielhauses erobert hatte, seine Macht als noch ausübender Theaterkritiker zu mißbrauchen und seinen Vorgänger im Hamburger Amt mit vernichtenden Kritiken zu demütigen. Welch verwerfliches Vorgehen einem Theatermann wie Hans Lietzau gegenüber, dessen Fähigkeiten so unerreichbar über denen seines Nachfolgers lagen. Von diesem wurde der Eintritt ins Theater ebenso zur raffinierten Selbstdarstellung benützt wie die nie aufgegebenen Verbindungen zum Feuilleton. Welche Heuchelei. Nun konnte Nagel mit großspuriger Bescheidenheit, aber ohne Kenntnis künstlerischer Vorgänge Karriere machen. Im damals hochfinanzierten Schauspielhaus in Hamburg konnte der Dilettantismus der Theaterleitung und ihre chaotische Unzulänglichkeit mit Geld und immer wieder mit außerordentlichen Arbeiten eines Peter Zadek und anderer verdeckt werden.

Der sympathische Günther Beelitz, erst in Düsseldorf und dann in München, managte seine Theater alert und ohne bleibende Wirkung. Der unberechenbare Volker Canaris, ein unselig zwischen Fernsehen und Theater wechselnder Theaterliebhaber ohne empfangene Gegenliebe, war genauso arm an gewichtigem Theatertalent wie trickreich im Erobern immer neuer Positionen zwischen Köln und Düsseldorf.

Der ernstzunehmendste unter den Managerintendanten aber war Frank Baumbauer. Ein Kenner der deutschen Theaterszene, konziliant im Auftreten, hart in seinen Entscheidungen, war er nach seiner Zeit als Betriebsdirektor des Bayerischen Staatsschauspiels 1983 zu dessen Schauspieldirektor aufgestiegen. Spätestens in seiner Zeit als Baseler Intendant von 1987 – 1992 wurde klar, welches Ziel er verfolgte. Nicht das Publikum war ihm wichtig – die veröffentlichten Auslastungszahlen, auch später während seiner Hamburger Intendantenzeit, übertrafen erstaunlicherweise immer die beobachteten und aus der Theaterverwaltung zu erfahrenden Verhältnisse –, sondern die Reaktion in der Presse, im Feuilleton. Da sich in diesen Jahren die feuilletonistischen Beschreibungen der Theaterkunst in auffallendem und mit früheren Zeiten in nichts zu vergleichendem Maß von den Eindrücken und den Bedürfnissen des Publikums entfernten, war zu entscheiden, wo das Heil zu suchen war. Für ihn, den hauptamtlichen Manager, war eine solche Entscheidung notwendig. Und er traf sie.

Die großen Theatermacher litten unter den manchmal unsinnigen Ergüssen, die sie in den Zeitungen lesen mußten, waren aber ihrer Kunst, ihrem Talent verpflichtet und daher zu anbiedernden Verdrehungen ihrer Arbeit nicht imstande. Die Konsequenz, mit der Baumbauer um die Anerkennung des Feuilletons kämpfte, machte ihn nicht nur persönlich erfolgreich. Manche exotische Randerscheinung, die in Anpassung an den gerade gängigen Bedarf der Kritiker entstand, wurde ins Zentrum gerückt und bekam im Zusammenspiel von Feuilleton und Extravaganzen bedienendem Theater eine zentrale Bedeutung. Ob beispielsweise die nebensächlich-vergnüglichen Kinderspiele des sanft-sympathischen Christoph Marthaler in ein paar Jahren noch mehr sein werden als die Erinnerung an einen sehr persönlichen Theaterulk, muß abgewartet werden. Baumbauers Programm wurde getragen von einem ohne Hemmung zusammengekauften Personal, bei dessen Akquisition auf bestehende Verträge mit anderen Bühnen keinerlei Rücksicht genommen wurde.

Baumbauers Erfolg hatte verhängnisvolle Folgen für das gesamte deutschsprachige Theater. Im Zusammenspiel mit einflußreichen Kritikern setzte sich ein Theaterbegriff durch, der in seiner forciert pseudoavantgardistischen Ausrichtung auf die zentrale Theaterarbeit an großen Theaterstücken, verwirklicht von großen Regisseuren, in Fortführung der klassischen Traditionen der Schauspielkunst, keinen Wert legte. An Aufklärung, Reflexion der gesellschaftlichen Wirklichkeit und Fortentwicklung der Ästhetik des Theaters war man nicht nur desinteressiert, sondern begegnete ihr feindselig. Die Kumpanei zwischen Theater und übersättigtem Feuilleton schob avantgardistische Entwicklungen ins Zentrum der Arbeit der großen Bühnen und entzog damit der sehr wesentlichen Erforschung neuer Inhalte und Formen in den dafür geeigneten kleinen, jungen und intellektuell aufsässigen Avantgardebühnen den unverzichtbaren Boden. Die Aufgabe der großen deutschen Theater wurde damit ebenso ins Oberflächliche, Unkontrollierbare verdreht, wie die Rolle der kleinen, laborartig arbeitenden Theater überflüssig gemacht und zur laienhaften Nebensache degradiert wurde.

Dazu kam, daß eine große Anzahl mittelbegabter Theaterleute die auf diese Weise vereinfachten Bedingungen für sich in Anspruch nahm, um möglichst schnell, ohne künstlerische Entwicklungszeit für das eigene, eventuell vorhandene Talent zuzulassen, sogenannte Events veranstaltete und mit einem halbgebildeten Kauderwelsch über die freie Entwicklung der Theaterkunst als Zusammenführung aller anderen Künste Erfolg zu haben suchte. Hilfestellung leisteten dabei der feuilletonistische Nachwuchs, der, nachdem er sich an den Maßstäben seiner künstlerisch unsensiblen und im Überdruß am Theater ermatteten Vorväter orientiert hatte, jeden undurchsichtigen Unsinn zum theatralischen Ereignis hochstilisierte. Zugleich wurden die wenigen verbliebenen Meister der Theaterkunst als konservativ und konventionell abgetan.

Es gibt Ausnahmen, darauf wird zurückzukommen sein. Und es gibt die ungebrochene Gewißheit, daß das Theater auch diese Entstellung überstehen wird. Baumbauer bleibt der erfolgreichste und daher der gefährlichste Managerintendant. Vielleicht ist er beides nur, weil ihm der kreative künstlerische Prozeß versagt ist, vielleicht ist sein kalter, spekulativer Umgang mit Theater nur möglich, weil er kein Künstler ist. Noch standen sich in der Theaterszene der achtziger Jahre künstlerische Intendanten und die Managerintendanten in einigermaßen gleicher Stärke gegenüber. Noch war nicht zu erkennen, daß die Abschaffung der künstlerisch geprägten Intendanten bevorstand.

Mitten in einer Phase des erfolgreichen Aufbaus des Bonner Theaters – Elfriede Jelinek wurde mit drei Uraufführungen hier als wesentliche Stückeschreiberin bekannt gemacht, Rainald Goetz erlebte mit seinem dreiteiligen „Krieg" eine bejubelte Premiere und damit seine Bestätigung als bemerkenswerter Theaterautor, viele im Fernsehen festgehaltene Aufführungen belegen das erreichte Niveau des Theaters – fand sich der Theatermensch in einer unerwarteten Verstörung wieder.

In ein Vakuum geraten, das ihn in eine Isolation einschloß, jede Kommunikation vergeblich und unmöglich erscheinen ließ, sah er eine Theaterwelt um sich aufgestellt, die nichts mit den unvergeßlichen Eindrücken zu tun hatte, die der theaterbesessene Theatergänger und später radikale junge Schauspieler in sich aufgenommen hatte. Der unbestechliche Kunstwert, die Integrität und die Ausschließlichkeit des Lebensprogramms Theater, die in den ersten Jahren des Theatermenschenlebens unverstellt richtungweisend waren, schienen verbraucht. Freilich gab es auch früher Eitelkeiten, Karrierekonkurrenz, unzulängliche feuilletonistische Reaktionen, aber das Prinzip Theater blieb unbeschädigt. Wenn sich der Vorhang über einer beginnenden Aufführung hob, waren der vorauseilende Zynismus, jede selbstbezogene Infragestellung der Theaterarbeit verflogen. Mit der Intensität und Unschuld von Kindern, deren Unbestechlichkeit und Konzentrationsfähigkeit, jenseits von Ironie und amoralischem Opportunismus wurde das Theater als ein Ort der humanen Selbstfindung, der künstlerischen Unbedingtheit, der intellektuellen und emotionalen Emanzipation empfunden.

Trotz oder vielleicht wegen der davor liegenden tausendjährigen Unzeit, in der das Theater mißbraucht, den Theaterleuten unter ständig angedrohter Lebensgefahr das Rückgrat gebrochen worden war, den Unersetzbarsten unter den Großen des deutschsprachigen Theaters nur das Exil im fremden Land und vor allem in fremder Sprache blieb, war eine eigenartige und schamhafte Sensibilität bei den überlebenden, das Theater weitertragenden Künstlern entstanden. Man überprüfte die persönliche Biographie, man mußte sich erklären, manchmal auch verstecken, oder man war endlich frei und konnte die Sprache eines neuen Theaters laut und vernehmlich zur öffentlichen künstlerischen und politischen Geltung bringen.

Es war eine Wiederauferstehung, an der der junge Theatergänger in Wien gerade noch teilnehmen konnte. Die folgenden ersten Berufsjahre des jungen Schauspielers waren der Beobachtung und dem Lernen angesichts der zurückgekehrten Theatermeister gewidmet. Und schließlich die Teilnahme am Aufbruch in ein vermeintlich neues, luzideres Zeitalter des Theaters. Für den jungen Schauspieler atemlose, mit Diskurs und Theaterkunst als gesellschaftliche Aufklärung erfüllte

Jahre. Da war keine Zeit für Heuchelei, darstellerische Selbstbefriedigung und selbstzerstörerischen Zynismus. Die ironische Intelligenz der Theaterleute stellte nicht das Theater, sondern höchstens die eigene Unzulänglichkeit an den Pranger. Man machte Witze über sich und seinesgleichen, aber nicht über die Kunst, die man für unentbehrlich hielt.

Jetzt aber, selbständig geworden, stürmten, wohin die Aufmerksamkeit sich wandte, Widrigkeiten auf Hirn und Herz des Theatermenschen ein. Da waren die anderen Theaterleiter. Nicht Partner in der Entwicklung einer zukunftsweisenden Theaterkultur, sondern Konkurrenten, denen keine Intrige, kein Trick, kein lautes Geschrei zu billig war, um einander zu schädigen. Erfolge des anderen wurden grundsätzlich als eigene Mißerfolge verstanden. Beziehungen zu wesentlichen Kritikern wurden vor allem zum Schlechtmachen des Kollegen genutzt. Willkürliche Eingriffe in das sorgfältig aufgebaute Ensemble des Konkurrenten wurden zum Selbstzweck. Das führte dazu, daß Verträge, die ein Theaterleiter mit einem neuen Ensemblemitglied für eine längere, wohlgeplante Zeit abschloß, das Papier nicht wert waren, auf dem sie festgehalten waren. Mit Geld und falschen Worten wurden junge Theaterleute aus ihren Verträgen herausgeredet; und war das in widerwärtiger Weise gelungen, wurden sie im neuen Arbeitsverhältnis links liegen gelassen.

Das hatte zur Folge, daß auch Ensemblemitglieder immer unzuverlässiger wurden. Man hatte keine Skrupel, das Theater mitten in einer Arbeit zu verlassen, und bot sich ungeniert anderen Theatern an, die vielleicht erfolgversprechender erschienen. In den Theatern bekämpften sich die regelmäßig im Haus arbeitenden Regisseure. Opportunistische Schauspieler schlossen sich je nach erwartetem eigenem Vorteil dem einen oder anderen dieser Platzhirsche an. Das brachte Eifersucht und Aggression in die Ensembles. Mitglieder der einzelnen Clans beschimpften die Qualität von Aufführungen der konkurrierenden Gruppe, bevor noch deren erste Arbeitsprobe stattgefunden hatte. Lüge und Heuchelei wurden zum alltäglichen Bestandteil des Umgangs miteinander. Daß derartig würdeloses, abstoßendes Auftreten die Arbeitsqualität eines Theaters nicht stärkte, liegt auf der Hand.

Besonders schwerwiegend erschienen die Vorgangsweisen noch junger und begabter Ensemblemitglieder, die oft mit Hilfe schamloser Erpressung ihren Vorteil durchzusetzen suchten. Manche dieser selbsternannten Jungstars verleugneten die Sorgfalt und Zuwendung, die ihnen in den Theatern widerfahren war, auf dümmliche Weise und betrieben noch viele Jahre mit diffamierender Legendenbildung bei ihresgleichen auf Kosten der langmütigsten Theaterleitungen gefälschte Selbstdarstellung. Das förderte weder die eigene Unschuld noch die ihrer Kunst. Aber über das Wort Unschuld würden diese fragwürdigen, manchmal leider unbestreitbar talentierten Theaterexistenzen ohnehin nur in höhnisches Gelächter ausbrechen.

Der bedauernswerte Zustand, in den infolge dieser erschreckenden „Erneuerung" der Theaterverhältnisse die Theater gerieten, rief die ewigen Mitläufer, die Feuilletonisten auf den Plan. Schnell hatten sie sich der Veränderung, der Pervertierung der Theaterkunst angepaßt und spielten das böse Spiel der Unverläßlichkeit, der Diffamierung, des tätigen Konkurrenzneids mit. Konnte man doch bei solchen Vorgaben einen gegen den anderen ausspielen, konnte man durch die so zugewachsene Macht Einfluß zuerst auf Personen und dann auf Programme nehmen. Man begann Trends zu erfinden und zu behaupten, die die Trendsetter unter den Theaterleuten in einen opportunistischen Zwang setzten. Entweder mitmachen, hieß es für die Clans, die sich um einzelne Regisseure geschart hatten, oder auf der Strecke bleiben. Umso abhängiger sich die Theaterleute machten, desto dünner wurde ihre künstlerische Substanz und desto größer die Macht der Feuilletonisten.

Ein Teufelskreis, der sich damals Mitte der achtziger Jahre zu drehen begann und der heute zu gefährlicher Geschwindigkeit angewachsen ist. Es schien das Abbild einer zunehmend egomanen, profitbesessenen Gesellschaft zu sein, die keinerlei Rücksicht auf psychische und immaterielle Bedürfnisse nahm, die ihren Tiefenverlust durch eine oberflächliche Gier nach Spaß und sogenannten Events ersetzte. Das Theater gibt die Wirklichkeit der jeweiligen gesellschaftlichen Verhältnisse wieder. Das tat es wirklich. Nicht nur in den künstlerischen Hervorbringungen, sondern auch in den internen Verkehrsformen der Theaterleute.

Ich hatte zu prüfen, ob ich vielleicht – harmoniesüchtig – die brutalen Verhältnisse einer neuen Wirklichkeit nicht aushalten konnte, oder ob es sich tatsächlich um die bedrohliche Verletzung eines künstlerischen Lebensentwurfs handelte. Noch gab es die Möglichkeit sich zu behaupten, die eigene Theaterszene gegen Talentlosigkeit und Verrätereien abzusichern. Ein homogenes, nur manchmal durch Außeneinflüsse behindertes Ensemble war mit einem Spielplan zu konfrontieren, der die wesentlichen Texte der Theaterliteratur ebenso enthielt wie die Uraufführungen der als wichtig erkannten Stücke neuer Autoren.

Der Respekt vor der Arbeit Dorns in München, die hohe Qualität und Homogenität seines Ensembles, die unbeirrbare Ernsthaftigkeit seiner Arbeit war ebenso wie das Vergnügen an Flimms phantasievollem, leichtfüßigem, manchmal talentiert leichtfertigen Umgang mit dem Theater ein Haltepunkt, der in Zeiten der Depression dem Theatermenschen Antrieb und Bestätigung der eigenen Position war. Es gab ihn noch, den umfassenden Theatergedanken, die Suche nach persönlicher und künstlerischer Wahrheit, das unersetzliche Primat der großen Schauspieler auf dem Theater.

Die sich marktschreierisch selbst als Mitte der Theaterwelt anpreisenden Regisseure und Intendanten konnten ihre Abhängigkeit von Text und Schauspielern ebensowenig verschleiern wie mehr oder weniger elegant formulierende Kritiker ihre Unterlegenheit gegenüber Theaterkünstlern, zu denen sie trotz aller kritischen Annäherungsversuche nicht gehörten. Die viel größere Gefahr für die Entwicklung des deutschsprachigen Theaters, die von den noch wenigen Managerintendanten ausging, wurde in jenen Jahren um 1985 noch nicht in ihrer Tragweite erkannt. Wir, die wenigen, die sich zu verstehen glaubten, riefen uns aufmunternd und kurzsichtig zu, daß „der Aufstand der Betriebs- und Verwaltungsdirektoren" von selbst in sich zusammenbrechen würde.

Die ideellen Bedrohungen schienen viel schwergewichtiger zu sein als die bürokratischen, kunstfeindlich materiellen Einflüsse einer neuen Clique von Theaterleitern, denen ohnehin keine Zukunft beschieden war. Welch großer Irrtum! Zehn Jahre später sollte sich zeigen, daß nicht einmal die Großmäuler unter den Theatermachern ein Mittel gegen den Aufstand der Betriebsdirektoren besaßen.

Jetzt aber konnte man noch beglückt einen Sieg der Theaterkunst feiern, wie zum Beispiel mit Peter Zadeks unvergessener „Lulu"-Inszenierung. Der Theatermensch saß im Hamburger Schauspielhaus neben Jürgen Flimm. Man versicherte sich, gleichgesinnt zu sein, und ließ sich an einem solchen Abend dazu verführen, die immer schon unbezwingbare Theaterkunst von Ewigkeit zu Ewigkeit für unbesiegbar zu halten. Da waren die wunderbaren Schauspieler, allen voran der unberechenbare Ulrich Wildgruber, die gewaltige Theaterphantasie eines großen Regisseurs, sein ironischer Blick auf eine gesellschaftliche Konstellation, die er, ohne den Wedekindschen Text zu verbiegen, sichtbar und relevant machte. Die Depression war weggewischt, die Infragestellung der persönlichen Theatergeschichte vergessen. Vergessen wenigstens für drei Stunden im Hamburger Schauspielhaus. Vergessen dank der Begegnung mit Peter Zadeks Arbeit, dank der beruhigenden Nähe eines Gleichgesinnten. So sollte das Theater sein, ein unübertreffliches Lebenssystem! Aber so war das Theater nicht. Die rationale Beobachtung der Verhältnisse läßt eine derartige Verdrängung nicht zu.

Die Berserker unter den neuen Regisseuren, die provinziellen Theaterzyniker, die postmodernen Eventkünstler hatten die wesentlichen Bühnen noch nicht betreten. Noch war Zadek Intendant des Hamburger Schauspielhauses, und er schien ein sicherer Schutz vor dem Absturz in unkünstlerische Dummheit zu sein. Daß Zadeks Abgang in Hamburg zeitgleich mit einem tiefen Einschnitt in der Entwicklung des deutschsprachigen Theaters einherging, läßt sich nirgends grausiger ablesen als gerade am Zustand des Hamburger Schauspielhauses heute.

8. Kapitel

Eigenständigkeit gegen Zynismus und Heuchelei

Ein Film über Marianne Hoppe: „Die Königin" von Werner Schroeter. Der Regisseur, dessen authentische Ansprüche zu schwülstigem Kitsch verkommen sind, unternimmt unter Mitwirkung einiger Schauspielerinnen, die er um Marianne Hoppe gruppiert, eine abstoßende Denunziation des Schauspielerstandes. Die undeutlichen Hinweise auf die vielfältige Verstrickung der Hauptfigur in den nationalsozialistischen Kulturbetrieb in Berlin treten ebenso in den Hintergrund wie die biographischen Erinnerungen an „Die Königin".

Es gelingt dem Regisseur, die auftretenden Schauspielerinnen, auch die begabten, in ihrer selbstdarstellerischen Verlogenheit bloßzustellen. Bei Besichtigung dieses Machwerks hat man den Eindruck, daß sich die beteiligten Schauspielerinnen bei ihren verlogenen Äußerungen, bei den falschen Tönen, die sie unaufhörlich produzieren, auch noch wohl gefühlt haben. Eine fragwürdige politische Vergangenheit ist weit weniger schlimm als schlechte Schauspielerei, scheint das zynische Fazit des Films zu sein.

Dabei wäre es interessant gewesen zu erfahren, in welcher historischen Situation diese Königin eine Königin gewesen ist. Nichts davon. Statt dessen der Hinweis auf die Lüge als Lebensprinzip des Theaters. Nur weil ein paar Schauspielerinnen unerträglich schlecht und verlogen waren, muß das Theater nicht derart zynisch verleugnet werden. Der Film, im Jahr 2000 entstanden, am Ende eines Jahrzehnts, in dem das Theater zunehmend zu einer Spielwiese eines hemmungslosen Exhibitionismus verkam, ist trotzdem konsequent. Er gibt den Überdruß wieder, der eine große Anzahl von Theaterleuten und das Publikum erfaßt hatte. Die Mischung aus fragwürdiger politischer Vergangenheit und der verlorenen Wahrheit der Theaterkünstler ist Ergebnis einer jahrelangen Fehlinterpretation von Theaterarbeit und der Verleumdung der wenigen seriösen Theaterereignisse, die ohnehin nur noch sporadisch zu entdecken waren.

Am Anfang dieser Entwicklung in der zweiten Hälfte der achtziger Jahre tauchten zwei sehr unterschiedliche Gewalttheatermenschen in der Theaterszene auf, deren wütende Zerstörungsversuche notwendig und abstoßend zugleich waren. Notwendig, weil die unkontrollierte Polemik gegen das Lügentheater dieser Jahre vielleicht Veränderung bringen konnte. Abstoßend, weil die Mittel beider Regisseure in ihrer brutalen Willkür einer sehr deutschen Tradition zu entspringen schienen. Die egoman begründete Zerstörung alles Umgebenden, um dann auf dem kollektiven Unglück, auf den selbstverursachten Ruinen, zum Wohle der anderen, ob sie wollen oder nicht, neue Verhältnisse nach eigenem Gutdünken zu begründen, ist eine in Deutschland offensichtlich noch lange nicht in Vergessenheit geratene Methode. Auch nicht in der Kunst. Auch nicht im Theater.

Frank Castorf, der eine der beiden, begann als gescheiter und begabter Mensch theatralische Spielweisen in Frage zu stellen, vorsichtig zuerst und voll poetischer Kraft. Man erinnert sich einiger einfühlsamer und nach dem Willen des Regisseurs doch chaotischer Aufführungen. Zum Beispiel „Das trunkene Schiff" von Paul Zech, oder Gotthold Ephraim Lessings „Miss Sarah Sampson".

Aber schon bald, mit wachsendem Erfolg, nahmen Destruktion, Exaltation und willkürliche Textzerstörung in seinen Regiearbeiten zu. Trotz manch gutem Schauspieler in seinem Ensemble – er war 1992 Intendant der Ostberliner Volksbühne geworden – wurde seine Theaterarbeit, von ihm „links" behauptet, in ihrer Wirkung genau das Gegenteil, immer aufdringlicher und, was das schlimmste ist, politisch gefährlich. Der Dialektiker wurde Opfer der eigenen Dialektik.

Und er bekam Nachahmer, die, weil sie unbegabt waren, mit ihrer Sucht aufzufallen die fragwürdigen politischen Wirkungen ihres Vorbilds Castorf noch verschärften: Christoph Schlingensief, ein theaterferner Konjunkturritter, dem offensichtlich kein politisches Tabu entgehen kann. Von Auschwitz bis zu den Neonazis und Asylwerbern dient ihm alles, um seine lächerlichen Events zu veranstalten. Daß seine angeblich gesellschaftskritische Haltung nichts anderes ist als rechtspopulistischer Mißbrauch des Theaters als Anstalt der geilen und zynischen Selbstdarstellung, hindert die intellektuell verkommenen Theaterleitungen so mancher großer Bühnen nicht, diesem unbegabten und politisch gefährlichen Scharlatan ein Forum zu geben.

Beim zweiten Theaterunterdrücker ging es eindeutiger ohne jeden Anfangsskrupel zu. Vielfältig künstlerisch tätig, war er sich selbst, über das bei Künstlern fast immer anzutreffende Maß weit hinaus, einziges Programm. Alle anderen waren ihm gesichtsloses Kollektiv. Auch das ist eine Sichtweise, die in der

Geschichte der Deutschen einen ausgeprägten Platz einnimmt. Die aus den Erfahrungen der neueren deutschen Geschichte positiven Veränderungen des gesellschaftlichen Bewußtseins gingen an ihm, dem inzwischen verstorbenen Einar Schleef, spurlos vorüber. In Günther Rühle, dem Frankfurter Schauspielintendanten der zweiten Hälfte der achtziger Jahre, fand er einen einflußreichen Förderer. Rühle, ein Theatertheoretiker ohne Fähigkeiten eines Theatermachers, stellte Schleef sein Theater bedingungslos zur Verfügung. Und Schleef benützte das. Er ließ die Schauspieler als gesichtsloses, anonymes Kollektiv rhythmisch trampeln, schreien und sich in endlosen Wiederholungen ergehen. Seine Absicht war die Demontage des Individuellen, sei es in seiner Faust-Inszenierung, in seinem „Götz von Berlichingen" oder in Lion Feuchtwangers „1918". Wie auch bei Castorf wies Schleefs Theaterästhetik auf politische Verhältnisse hin, die sich besonders erfolgreich der Menschen als anonymes Kollektiv bedienten. Seine Inszenierungen lösten bei einem Teil des Publikums, dessen Assoziationsfähigkeit noch nicht von der eigenen politischen Vergangenheit befreit war, satten Beifall aus.

Als Schleef einige Jahre später am Wiener Burgtheater „Das Sportstück" von Elfriede Jelinek, der humansten, ästhetisch und inhaltlich unbestechlichsten politischen Moralistin unter den wesentlichen neuen Stückeschreibern, zu einer kollektiven, endlosen und penetranten Schreiorgie verunstaltete, fand er überraschenderweise die Zustimmung der Autorin. Es ist zu mutmaßen, daß dieses persönlichste, beinahe autistisch-autobiographische Stück der Jelinek bei richtiger Wiedergabe so viel von der Dichterin preisgeben würde, daß das Schleefsche Mißverständnis einen unerwarteten Schutz ihrer persönlichen Verletzlichkeit darstellte. Schleefs gewalttätiger Auftritt im deutschsprachigen Theater ließ aber, und das ist ein Gewinn, die sentimentale und kitschige Ausflucht in die politische und künstlerische Unverbindlichkeit mancher opportunistischer Theaterentwicklung dieser Jahre nicht zu.

Man mußte sich wehren und Position beziehen, um das Theater weder Berserkern noch dem provinziellen Durchschnitt zu überlassen. Damit sind wir wieder bei der Arbeit der wenigen, oft zitierten, Maßstäbe setzenden Theatermacher und insbesondere bei den damals aktuellen Theatererfahrungen und künstlerischen Perspektiven des Theatermenschen.

Kein allgemeiner Trend konnte beobachtet werden, kein künstlerischer Allgemeinzustand, dem anzuschließen sich gelohnt hätte. Ausschließlich auf sich selbst, das eigene Talent und Kunstvermögen angewiesen, hieß es Ausschau halten nach jungen, unverbrauchten und theaterbesessenen Talenten und den wenigen älteren Theatermachern, die durch die Fragwürdigkeit des allgemeinen Kulturbetriebs nicht korrumpierbar geworden waren. Und gerade diese Zeit der Konzentration auf den eigenen Bereich und der aufregende Umgang mit einer Anzahl neu entdeckter junger Theaterleute führte zu einer unerwarteten Kraft der gemeinsamen Arbeit im Theater des Theatermenschen. Der Blick nach draußen auf andere Theater konnte keine besonders eindrucksvolle Theaterentwicklung feststellen. Nur einzelne Theaterereignisse, willkürlich an verschiedenen Orten zu finden, aber von explosiver Kraft, zeugten von den schlummernden Reserven deutschsprachiger Theaterkunst.

Bei Jürgen Flimms Inszenierung von Tschechows

„Platonow" fühlte man sich angesichts der ungewöhnlich schönen Schauspielerführung, der genauen Erforschung des Textes, der dem Stück adäquaten szenischen Phantasie in den Absichten und Einsichten für die eigene Arbeit bestätigt. Das Theater zu sich selbst, seiner kommunikativen Bestimmung gebracht, führte immer wieder zu diesen unvergleichlichen intellektuellen und sinnlichen Ereignissen, die Theaterkunst unentbehrlich machen.

Peymanns „Hermannsschlacht"-Aufführung beispielsweise war Entschädigung für manche Regiealbernheit, die man von ihm zu ertragen hatte. Aber diese Kleist-Inszenierung war von höchster Luzidität, getragen von einem ästhetischen Konzept persönlichster und unverwechselbarer Eigenart. Und auch hier: die wunderbaren Schauspieler. In München wiederum war es unter den vielen schönen Arbeiten Dieter Dorns besonders Goethes „Iphigenie", die in ihrer kargen Klarheit und gleichzeitig extremen Emotionalität kein unbeteiligtes Publikum zuließ. Bei den Salzburger Festspielen gab es Schnitzlers „Der einsame Weg" in Thomas Langhoffs Meisterinszenierung psychologischen Theaters, und natürlich nur möglich mit seinen außergewöhnlichen Schauspielern. Über die glücklichen Erlebnisse in Peter Zadeks Theateraufführungen war schon anläßlich seiner Hamburger „Lulu" die Rede, aber ebenso großartig, das Glück im Theater, sein Wiener „Der Kaufmann von Venedig".

Die 50 bis 60-Jährigen also waren es, die mit einzelnen Arbeiten den Hinweis auf die Unentbehrlichkeit des Theaters leisteten. Aber um das Theater weiterzuentwickeln bedurfte es einer neuen Generation und der künstlerischen Bewältigung ihrer gesellschaftlichen Wirklichkeit. Nicht die theatralischen

Höchstleistungen einer etablierten Gruppe von Theatermachern konnten, so wichtig und glückhaft sie auch waren, den Blick auf eine sich verändernde Welt öffnen. Die jungen, unangepaßten Theaterleute mußten her, mußten den Vätern widersprechen, sie ersetzen. Naheliegend war es also, in den achtziger Jahren Ausschau zu halten nach neuen Talenten unter den Schauspielern und Regisseuren. Das Risiko, von selbst dem Theater zugeführten Nachkommen zur Seite geschoben zu werden, mußte hingenommen werden. Ein gutes, ein kalkulierbares Risiko, so lange es dazu führte, die eigene Erneuerung zu unterstützen. Die Qualität der oben genannten vereinzelten Theaterhöhepunkte war der Maßstab, an dem sich neue, junge Theaterarbeit zu messen vermochte. Es war mir klar, daß nur die Zusammenführung erprobter künstlerischer Potenz mit der unfertigen Bedingungslosigkeit junger Theaterleute mein Theater für den Augenblick und für die Zukunft aussagefähig machen würde.

Das eigene Theaterleben war in einer neuen Phase angelangt. Einerseits mußte die neugewonnene Eigenständigkeit gegen manche Bedrohungen von außen verteidigt werden. Da war das Mißtrauen der kommunalen Politik gegen den Neuen, gegen das Neue. Außerdem wurde dem Theatermenschen schnell klargemacht, daß das Überleben eines Schauspielbetriebs in einem Theater, das Oper und Schauspiel zusammenfaßt, auf das höchste bedroht ist. Die finanzielle, organisatorische und publikumswirksame Unersättlichkeit des Opernbetriebes geht in allen deutschen Mehrspartentheatern auf Kosten des Schauspiels.

Das erste Ziel zur Stabilisierung des eigenen Theaters mußte also die Loslösung von der Oper sein. Es folgten drei Jahre Kampf mit dem Opernintendanten und ein Überredungsmarathon gegenüber den Kulturpolitikern der Stadt, und schon war die Trennung geschafft. Drei Jahre, ein Auf und Ab von Erfolgsmeldungen, Niederlagen und Depressionen schienen eine endlose Zeit, eine Belastung der hochfliegenden Pläne und beabsichtigten künstlerischen Grenzüberschreitungen der neuentstehenden Truppe. Und doch war es eine kurze Zeit im Vergleich zu den Erfahrungen, die später in gleicher Situation mit den Frankfurter Politikern gemacht werden mußten. In Bonn wurde, wenn auch langsam, begriffen, wie imagefördernd und nutzbringend die Selbständigkeit des Schauspieltheaters sein würde und dann auch war.

In Frankfurt herrschten bis zum Schluß der Arbeit des Theatermenschen Unbeweglichkeit, Kulturüberdruß, Besserwisserei und immer wieder schauspielfeindliche Strukturentscheidungen, die Frankfurts Schauspiel nie die Befreiung brachten, die ein erfolgreicher, von Qualität dominierter Theaterbetrieb braucht.

Andererseits war die Tatsache, selbst bestimmen zu können, mit wem und woran man arbeiten wollte, die erhoffte Chance. Die manchmal hybride, manchmal berechtigte Überzeugung, den eigenen Anspruch wenigsten annähernd erfüllen zu können, speiste sich aus einer zu beobachtenden Theatersituation, die sich durch Heuchelei, Gedankenlosigkeit und hemmungslose Eitelkeit vieler ihrer Protagonisten beschädigt zeigte. Diesen Verhältnissen zu widersprechen, Lügen nicht zuzulassen, die Selbstdarstellung vieler selbsternannter Leithammel der Szene ad absurdum zu führen, den eigenen Ekel über diesen Mißbrauch des Theaters abzuschütteln, war Motiv genug, sich mit Kompromißlosigkeit und Lust auf die Suche nach anderen, unbekannten Wegen zu begeben.

Was lag also näher, als Gleichgesinnte aus der selben Generation zu suchen, die ähnliche Verluste empfanden, deren künstlerische Potenz nicht genügend ausgenützt war und die für den neu gestarteten Versuch zur Verfügung standen.

Aber noch viel naheliegender war der Blick auf eine neue, langsam erkennbare Generation von Autoren, Regisseuren und Schauspielern. Ihre Unschuld, ihre Neugier und ihr rücksichtsloser Drang, das Theater für sich zu erobern, mußte mit dem jetzt begonnenen Theaterentwurf in Verbindung gebracht werden. Für uns Ältere war es ein Akt der Verführung, die Jüngeren in unser Theater zu holen, und eine Überlebensnotwendigkeit, von deren sorgfältig zu schützendem Talent neue Definitionen unserer Kunst zu erfahren. An ihren Texten und Bildern blieben wir der sich verändernden Wirklichkeit nahe.

Ohne unsere Vergangenheit zu verlieren, entstanden durch die Arbeit mit den jungen Theaterleuten Perspektiven inhaltlicher und ästhetischer Art, die das Versinken in reflexionsloser Selbstbespiegelung, wie sie ringsum zu beobachten war, verhinderte.

Hinzu kam, daß das künstlerische Zusammenleben mit diesen unangepaßten, begabten und ihr Talent auslebenden Menschen ein besonderer, ein theatererotischer Genuß war. Man wurde süchtig nach Begegnungen dieser neuen Art. Das nach erfolgreicher Suche in die Truppe Eingliedern der verblüffenden Begabungen, der widersprüchlichsten und faszinierenden Persönlichkeiten, war Selbstbestätigung und Triumph zugleich.

Nicht immer ging das harmonisch ab. Einige wenige suchten im Theatermenschen den Ersatzvater, an dem der Generationsmord zu vollziehen war. Das war schmerzlich und in Ausnahmefällen weder durch erwiesene Zuneigung noch durch Zurücknahme persönlicher Ansprüche an das Gegenüber zu ändern. Noch heute sind die Gedanken an diese Unbeugsamen und ihre bedingungslose Selbstbehauptung, trotz manch erfahrener Verletzung, von Zuneigung und Bewunderung für die Kompromißlosigkeit ihres Talents geprägt.

Ein Beispiel sei erwähnt: Anne Tismer. Im Wiener Reinhardt-Seminar als umwerfende Begabung entdeckt, engagierte sie der Theatermensch an sein Theater. Zunächst schien sie sich zu freuen. Aber bald nach ihrer Ankunft in Bonn und nach nur wenigen Arbeiten lebte sie mit verletzender Direktheit ihre Obsession und Abneigung gegen den Intendanten und sein Theater aus. Sie bestand auf einem unauflösbaren Verstummen, das auch den um Zuneigung und Begreifen bemühten Theatermenschen zur Sprachlosigkeit verurteilte. Daraus entstand eine unhaltbare aggressive Lage, die alsbald zu der von der jungen Schauspielerin geforderten und vom Intendanten tief bedauerten Trennung führte. Die Sympathie für dieses außergewöhnliche Talent blieb, auch als nach Jahren immer noch aus der Ferne vergiftete Pfeile angeflogen kamen. Die Radikalität dieses Vorgangs blieb ohne Beispiel.

Die große Anzahl junger Theaterleute verband sich jedoch mit den älteren Theatermachern, darunter einige der führenden Regisseure und Schauspieler der Theaterszene, zu einer Symbiose, von der beide Teile profitierten. Die einen brachten ihr ausgereiftes künstlerisches Potential ein, die anderen machten mit ihrem unbeeinflußten hellen Blick eine neue Wirklichkeit künstlerisch durchschaubar. Als es zudem gelang, einige bis dahin im Theater noch nicht wesentlich in Erscheinung getretene neue Autoren zu entdecken und der Welt zu präsentieren, war eine Theatergeschichte in Gang gebracht, die sich, so lokal sie war, von den allgemeinen Fehlentwicklungen grundlegend unterschied.

Elfriede Jelinek, die Unbestechliche, die zarte Unnahbare, die Frauenfrau, die Leitstimme der aktuellen österreichischen Literatur, die große Theaterautorin, war für das Theater noch nicht richtig entdeckt. Die Aufführung ihrer Stücke, von den Theatern als Wagnis empfunden, war für das Bonner Theater ein phantastisches Abenteuer, der Aufbruch in eine neue, bis dahin unbekannte Denk- und Spielweise. Die assoziativen Texte der Jelinek in eine nicht-psychologische, formal anspruchsvolle, politisch zugespitzte Bühnensprache umzusetzen, war ein so noch nicht erlebter Arbeitsvorgang. Mühevoll, unter Aussparung althergebrachter Bühnengewohnheiten, war eine theatralische Neuorientierung zu bewältigen, deren Wirkung auf die Theaterkunst weit über das jeweilige Stück der Jelinek hinaus ging.

War der Schlüssel zum emotionalen und intellektuellen Impetus dieser gänzlich neuen Theaterhaltung einmal gefunden, gab es dann aber kein Zögern mehr. Für Regisseure und Schauspieler öffneten sich leidenschaftlich verteidigte neue Wege und Formen. Die Sprachverwirklichung der Jelinekschen Figuren stellte sich als exzessiv verwendbares System von Theaterwahrheit heraus. Diese Sprache ermöglichte es den Theaterleuten, die Katastrophen und Lächerlichkeiten der Stückfiguren viel stärker zu verdeutlichen, als es das psychologisch bestimmte Theater je gekonnt hätte.

Als besonders ideal erwies sich die Zusammenarbeit von Hans Hollmann und Horst Zankl als Regisseure und Carmen Renate Köper als zweimaliger

Hauptdarstellerin in Jelineks Uraufführungen. Zunächst inszenierte Hollmann „Clara S." Ein Stück über die fiktive und zerstörerische Beziehung zwischen Clara Schumann und Gabrielle D'Annunzio. Die Wirkung des Stückes auf das Publikum war so ungewöhnlich und aggressiv, daß es zu Störversuchen während der Aufführung kam. Mit mitgebrachten Trillerpfeifen wurde der Versuch gemacht, Elfriede Jelinek zum Verstummen zu bringen. Als sich die Störungen bei jeder weiteren Vorstellung wiederholten, die Trillerpfeifen immer an den gleichen Stellen des Stücks – wenn es um die Männer einerseits und um die deutschen Patrioten andererseits ging – zum Einsatz kamen, wurde klar, wie genau die Autorin und die Aufführung die Befindlichkeit des Publikums getroffen hatten. Man könnte sagen: Der Kult Elfriede Jelinek war geboren.

Als ein Jahr später Horst Zankl das Stück „Burgtheater" inszenierte, löste diese Bonner Uraufführung einen Skandal im tausend Kilometer entfernten Wien aus. Jelinek machte den Opportunismus der Künstler gegenüber der herrschenden politischen Konstellation anhand der zwiespältigen Lebensgeschichte der Familie Hörbiger/Wessely zum Thema. Die Sprachgewalt, der ironische Duktus des Stückes waren derart entlarvend, daß die politische Wirkung bis nach Wien reichte und dort eine Kontroverse um die Vergangenheit der großen Schauspielerin Paula Wessely, ihres Mannes Attila Hörbiger sowie dessen Bruder Paul Hörbiger im Dritten Reich auslöste. Schließlich wurde der Druck auf die Wessely so groß, daß sie öffentlich und halbherzig Stellung nehmen mußte.

Eine anekdotische Randnotiz ist es, daß diese hochgerühmte Aufführung zu den Wiener Festwochen eingeladen, unmittelbar vor der Reise nach Wien aber wieder ausgeladen wurde. Der nach der Uraufführung in Bonn die Wiener Kulturszene erschütternde Skandal war eben abgeebbt und sollte nicht erneut angefacht werden. Elfriede Jelineks Stück, eines ihrer schönsten, ist bis heute kein zweites Mal gespielt worden. In Wien, wo es unbedingt auf die Bühne gehört hätte, gab es eine Absprache unter den Theaterleuten, daß, so lange Paula Wessely am Leben war, „Burgtheater" nicht aufgeführt würde.

Daß sich der sonst so gierig nach polemischen Stoffen Ausschau haltende Claus Peymann bis heute – Paula Wessely ist längst tot – nicht an das Stück herangewagt, läßt daran zweifeln, daß sein Umgang mit der Arbeit der Elfriede Jelinek mehr war als eine konjunkturelle Überlegung. Der aufsehenerregende Erfolg, den die Entdeckung der Jelinek dem Bonner Theater brachte, mag ein ausreichendes Motiv gewesen sein, die österreichische Autorin ans Wiener Burgtheater zu binden.

Nach der äußerst erfolgreichen dritten Jelinek-Uraufführung in Bonn – das Stück hieß „Krankheit der Frauen", wurde von Hans Hollmann inszeniert und in den Hauptrollen von Ulli Maier und Susanne Tremper gespielt – waren die hochgeschätzte und geliebte Autorin und ihre neuen Stücke, trotz fester Absprachen, für die Truppe des Theatermenschen nicht mehr erreichbar. Auch später nicht, als ich mit dem Stück „Totenauberg" meine Frankfurter Zeit beginnen wollte. Peymann hatte die Österreich hellsichtig und mit leidvoller Kritik verfallene Elfriede Jelinek unerreichbar ins Herz des österreichischen Theaters, an die Burg entführt. Erst viele Jahre später, anhand einer Inszenierung des „Sportstücks" in Frankfurt, konnte der verletzte Liebhaberstolz des Theatermenschen überwunden und eine neue Beziehung zu Elfriede Jelinek, der

Schönen, der Unvergleichlichen, wieder angefangen werden.

Auch „Krieg" von Rainald Goetz wurde von der Bonner Theatertruppe unter der Regie von Hans Hollmann zur hochgelobten Uraufführung gebracht. Goetz in Bonn zum erstenmal auf der Bühne war Teil einer dramaturgischen Entscheidung, die die Neubestimmung von Theaterarbeit voranbrachte. Daran beteiligt waren neben den Regiealtmeistern wie Hollmann, Palitzsch und Rudolf Noelte auch wichtige jüngere Regisseure. Vor allem David Mouchtar-Samorai und Jossi Wieler waren durch einige ihrer auch überregional begeistert zur Kenntnis genommenen Inszenierungen maßgeblich an der Entwicklung eines besonderen Bonner Theaterwegs beteiligt.

Die Entdeckung einer alten, für den Abriß vorgesehenen Lagerhalle in Bonn-Beuel als Proberaum und ihre Renovierung und Inbesitznahme als zweite Spielstätte des Bonner Schauspiels sollte die Arbeit des Theaters in entscheidender Weise beeinflussen. Dem Theatermenschen und seiner Truppe stand neben der traditionellen Guckkastenbühne plötzlich ein großer, offener Raum zur Verfügung, der die Spielweisen des Ensembles grundlegend veränderte. Die von Aufführung zu Aufführung neu erfundene Raumaufteilung in der Halle Beuel, das immer wieder neu gestaltete räumliche Verhältnis zwischen Publikum und Schauspielern verhinderte jegliche Theaterroutine. Schauspieler und Publikum kamen sich hier noch näher und wurden noch abhängiger voneinander.

Die Kommunikationsdichte zwischen beiden entschied über Aussagekraft und Lustgewinn eines Theaterabends mehr, als es in einem herkömmlichen Theaterraum möglich war. Das hatte Konsequenzen für die

Selbstäußerungsfähigkeit der Schauspieler ebenso wie für das Ausgesetztsein des Publikums gegenüber den intellektuellen und emotionalen Grenzüberschreitungen der gebotenen Aufführungen.

Für die Theaterleute, Regisseure, Bühnenbildner und Schauspieler entstand die Notwendigkeit, gewohnte Arbeitsweisen zu verändern, neue ästhetische und inhaltliche Methoden zu finden, die der Schwierigkeit und Faszination des neuen Raumsystems entsprachen.

Das Bonner Theater war das erste deutschsprachige Theater, das seinen Spielplan kontinuierlich zwischen einer herkömmlichen Bühne und einem sich ständig verändernden Raumtheater aufteilen konnte. Viele spätere Nachahmungen in anderen Theaterstädten scheiterten, weil keine Halle von solch idealem Zuschnitt vorhanden war wie in Bonn, oder an dem Mißverständnis, daß man in den zur Verfügung stehenden Hallen quasi Notguckkastentheater einzubauen habe.

Weil richtig genutzt, war der Beginn der Theaterarbeit in der Halle Beuel der Aufbruch zu neuen Formen der Theaterkunst. Theaterleute und Publikum ließen sich auf eine abenteuerliche, phantastische Entdeckungsreise in noch unbekannte neue Bühnenwelten ein. Folgerichtig fanden einige der wesentlichsten Aufführungen des Theatermenschen und seiner Truppe in Beuel statt.

„Krieg" von Rainald Goetz in der Inszenierung von Hans Hollmann wurde schon erwähnt, weitere Erfolge waren meine Inszenierung „Die letzten Tage der Menschheit" von Karl Kraus, Grillparzers „König Ottokars Glück und Ende", Regie Volker Hesse, mit dem unvergleichlichen Hans Falár in der Titelrolle, und besonders wieder in meiner Inszenierung Brechts „Mutter Courage", mit der Carmen Renate Köper einen ihrer größten Erfolge feierte. Die besonders gelungene Raumlösung dieser Aufführung, entwickelt von Hans Hoffer, bestand darin, daß das fünfhundertköpfige Publikum auf einer auf Schienen fahrbaren Tribüne saß, die im Lauf der Vorstellung wie ein Panzerwagen die Schauspieler, die Möbel und Requisiten quer durch den Raum vor sich herschob, bis am Ende für die Mutter Courage nur mehr ein bedrohlich eingeschränkter Raum von zirka zwei Meter Tiefe übrig blieb. Man kann sich vorstellen, daß dieses Konzept für die Schauspieler und das Publikum vollkommen neue und verstörende Bedingungen und Erfahrungen brachte.

Basis für all diese Aktivitäten unseres Theaters war ein ungewöhnlich homogenes Ensemble. Die damals im deutschsprachigen Theater vergleichsweise Spitzenqualität der Bonner Schauspieler ergab sich aus einer gelungenen Mischung aus ganz jungen, hochbegabten Nachwuchskünstlern und älteren, meist im Umgang mit ersten Regisseuren an großen Theatern gereiften Schauspielerpersönlichkeiten. Denn, das muß immer wieder ausgesprochen werden, der Maßstab für die erfolgreiche Entwicklung eines Theaters sind seine Schauspieler.

Mouchtar-Samorais außerordentliche Inszenierungen, zum Beispiel Maxim Gorkis „Nachtasyl" oder Gerhart Hauptmanns „Einsame Menschen"; oder Jossi Wielers Regiearbeiten wie „Amphitryon" von Heinrich von Kleist oder „L'Illusion" von Corneille wurden ermöglicht von Schauspielern des Ensembles wie zum Beispiel Robert Hunger-Bühler, Peter Lerchbaumer, Ulli Maier, Annemarie Knaak oder Günter Lampe, um ungerechterweise nur einige zu nennen. Auch der Regisseur Anselm Weber begann seine Regiekarriere am Bonner Theater, nach Abschluß seiner Assistentenzeit an Dieter Dorns Münchner Kammerspielen und der dort üblichen ersten Inszenierung zum Abschied. Wie ein Theatersohn gepflegt und durchgesetzt, gehörte er zur Truppe des Theatermenschen in den letzten Jahren in Bonn und später in Frankfurt.

Die Autoren, die Theaterleitung, die Dramaturgen, die Regisseure, Bühnenbildner und die Schauspieler, die sich in Bonn zusammengefunden hatten und in zwei gegensätzlichen Raumsystemen ihr Theater zu verwirklichen suchten, haben dem Bonner Theater eine sehr eigenständige Theatersprache gegeben. Alle, die am Bonner Projekt mitarbeiteten, haben davon profitiert, damals und oft auch nach Beendigung der gemeinsamen Arbeit. Ob das ausreicht, den Diskurs über die Utopiefähigkeit des Theaters voranzutreiben, läßt sich angesichts der Fehlentwicklungen, die das deutsche Theater unter dem unkünstlerischen Zugriff von Seiteneinsteigern, Scharlatanen und talentlosen Heuchlern erlitt, nicht verbindlich feststellen.

Wieder eine neue Generation von Theaternachwuchs tauchte auf. Man kann ihr und uns nur wünschen, daß die Macht ihres Talents ausreicht, die Kulturhändler aus dem Tempel Theater zu vertreiben. Eine sich verändernde gesellschaftliche Wirklichkeit muß von neuen Theaterkünstlern auf ihre kritische Kunstfähigkeit untersucht werden. Sie, die es am besten wissen müßten, haben die Führung zu übernehmen. Wir, die Älteren, müssen unsere Welt mit ihrer vergleichen können, wir müssen die Chance bekommen, unsere Fehler, durch ihre Analyse aufgeklärt, nicht zu wiederholen. So vielleicht kann unsere lebenslang entwickelte Kunstfähigkeit neuen Theatermachern die richtigen Wege weisen und die unverzichtbare Idee des Theaters unzerstört erhalten.

9. Kapitel

Das Kartell

Wohin wird das Theater getrieben? Scheinbar in Lethargie und Opportunismus verfallen, ist es dem zynischen Zugriff kunstferner Cliquen ausgeliefert. Hauptsächlich ist es eine hilflose und gerade deswegen skrupellose Generation von Kulturpolitikern, die ihre Ahnungslosigkeit mit Hilfe einer machtgierigen Feuilletonistenszene zu verbergen sucht. Abgesehen von der immer wieder von Politstars gern genutzten Möglichkeit, der Kultur zugewandte Sonntagsreden zu halten, ist Kulturarbeit den politisch schwachen und machtlosen Mandataren zugeordnet. Wenn einer keine politische Karriere vor sich hat, wird er zum Kulturdezernenten, Kulturreferenten oder auch Kulturminister gemacht. Seine einzige Qualifikation als Kulturpolitiker besteht in seiner mangelnden politischen Durchsetzungskraft. Er versteht – weil zufällig in die Kulturpolitik geraten – nichts von der Sache und er kann – weil ein erfolgloser Politiker – im Interesse der Kultur und der Künstler nichts durchsetzen. Da er aber, besonders wenn es um Personalentscheidungen geht, wenn richtungweisende Leitungspositionen in Kulturinstitutionen zu besetzen sind, Orientierungshilfe sucht, liest er die Kulturseiten der Zeitungen.

Das ist die Stunde der Feuilletonisten, der Kritiker. Die meisten von ihnen – die wenigen integren seien ausgenommen und gerühmt – begnügen sich nicht mit der ihnen zustehenden Rolle des kritischen Beobachters, nicht mit der demütigen Einsicht, daß sie kein Teil der Kunstwelt sind. Sie drängen sich vor, versuchen künstlerische Entwicklungen positiv oder negativ zu beeinflussen, ganz wie es ihnen paßt, lösen Trends, Moden und beim Theater publikumsverachtende Haltungen aus. Die Unkenntnis und Hilflosigkeit der meisten Kulturpolitiker ist günstige Voraussetzung für diese medialen Manipulationen. Den Feuilletonisten vermittelt sich ein Gefühl von Überlegenheit und Macht, wenn sie ihre hybriden Urteile von Politikern aufgenommen und umgesetzt erleben.

Auch die Angst vieler Künstler, besonders der Theaterleute, öffentlich bloßgestellt zu werden – bei den Jungen, einen Karriereknick hinnehmen zu müssen –, trägt zum künstlerischen Opportunismus und damit zum Talentverlust bei. Wie sollten Talente nicht beschädigt werden, die den eigenen Antrieb zurückdrängen und, um öffentliches Wohlgefallen zu finden, den angeblich künstlerischen Vorgaben einiger Kritiker Folge leisten. Also auch von dieser Seite verheerender Machtgewinn des Feuilletons.

Es leuchtet schnell ein, daß dieses Kartell aus skrupellosen, im Überdruß an der Kunst gelangweilten medialen Manipulatoren einerseits und politischen Entscheidungsträgern, die ohne jede Ambition, gedrängt von politischen Zwängen, Kulturfunktionäre geworden sind, andererseits, für die kosten und personalintensiven Theaterbetriebe eine zerstörerische Bedrohung darstellen.

Einige wenige unter den Kulturpolitikern, wie Kurt Hackenberg in Köln, Hermann Glaser in Nürnberg, Jürgen Kolbe in München und vor allem Hilmar Hoffmann in Frankfurt waren Ausnahmeerscheinungen, die dem Kulturbetrieb ihrer Städte kreative Atempausen brachten. Aber ihre Zeit ist abgelaufen, und adäquate Nachfolger sind bis heute nirgends aufgetaucht.

Ebenso hat sich die Integrität von Kritikern wie Friedrich Luft in Berlin, Wilhelm Unger in Köln, Georg Hensel in Frankfurt, Walter Kiaulehn in München auf kaum einen der heute maßgeblichen Nachfolger vererbt. Gerhard Stadelmaier und Joachim Kaiser sind rare Ausnahmen, für die Theaterleute zwar von manchmal verletzender Subjektivität, aber offenbar an theaterpolitischen Manipulationen nicht beteiligt. Ausnahmen von der Regel. Den anderen, den professionellen Theaterfeinden, soll die Ehre einer Erwähnung an dieser Stelle versagt bleiben.

Einer allerdings muß genannt werden, um die symptomatische Unzulänglichkeit dieser medialen Kaste beispielhaft werden zu lassen. Es handelt sich um den Herrn, der sich in Theaterkreisen des ehrenden Titels: „Ich-mag-den-Dorn-nicht-Diehl" erfreut. Wenn man die widersprüchlichen, parteiischen Pamphlete dieses Kritikers liest, seinen unsinnigen Versuch, die letzte unanfechtbare Theaterinstanz des deutschsprachigen Schauspieltheaters zu zerstören und einer unsäglich modegierigen, videoseligen und heillos untalentierten Szene den Eintritt in das Theater zu ermöglichen, weiß man was es heißt, wenn von Manipulatoren und professionellen Theaterfeinden die Rede ist.

Erschwerte Möglichkeit des künstlerischen Überlebens also, mit der eine neu auftauchende Theatergeneration in den vergangenen zehn Jahren konfrontiert wurde. Nicht, daß es keine ungewöhnlichen Begabungen mehr gäbe, aber der Mißbrauch, den das oben beschriebene Kartell mit den meisten von ihnen treibt, verhindert jede Selbstfindung der Betroffenen.

In Berlin zum Beispiel war mit Thomas Ostermeier ein wirkliches Regietalent zu erkennen. In einem Container, der dem Deutschen Theater früher als Lagerraum und Probenstätte gedient hatte, brachte er zusammen mit jungen Schauspielern, die wie er eben ihr Schauspiel- und Regiestudium an der renommierten Schauspielschule „Ernst Busch" beendet hatten, seine ersten vielbeachteten Inszenierungen heraus. Daß in der Enge eines kleinen Raumes wie diesem Container ein begabtes Regie- und Schauspielerteam einen emotionalen Überdruck erzeugen konnte, der dem Publikum den Atem raubte, ist spannend, aber nicht besonders überraschend. Eine Talentprobe war das ohne Zweifel, mehr nicht. Aber das Kartell hatte sein Opfer gefunden. Vom Feuilleton in verrückter Maßlosigkeit als theatermessianisches Ereignis gefeiert, wurde der junge Regisseur zur Lösung aller ungeklärten Personalprobleme in Berlin hochstilisiert.

Die Kulturbehörde hatte ihren Kandidaten für die Leitung der nach Andrea Breths Ausscheiden führerlos dahindümpelnden Schaubühne am Lehniner Platz gefunden. Und das alles, bevor Ostermeier je eine Regiearbeit in einem großen Theaterraum versucht hatte. Nach seiner Ernennung zum Leiter der Schaubühne machte er seine erste Inszenierung im Berliner Deutschen Theater, die zugleich seine Abschiedsarbeit vor dem Amtsantritt in der Schaubühne war. So recht gelang der Umgang mit dem herkömmlichen Theaterraum nicht.

Trotzdem, noch immer als Ausnahmeerscheinung gefeiert, zog er in die Schaubühne ein. Und seit diesem Zeitpunkt ist er dem Mittelmaß nicht mehr entkommen. Zweifellos in seiner Arbeit immer noch als Begabung erkennbar, hat ihn die Atemlosigkeit seines von außen manipulierten Aufstiegs Entwicklungszeit, Besinnung und Fähigkeit zur Konzentration gekostet. Vielleicht ist dies jetzt, da er in der Gunst des Kartells stetig verloren hat, nachzuholen. Zu wünschen wäre es! Das Theater braucht zum Überleben Begabungen wie die seine.

Welch großangelegte Manipulation die Entwicklung des deutschsprachigen Theaters bedrohlich veränderte, läßt sich ermessen, wenn man den Verfall der Qualität bei den neu installierten Theaterleitungen in den letzten zehn Jahren betrachtet. Was von vielen zunächst unbemerkt zu entstehen begann, zeigt sich heute am Ende der erschreckenden Neuorientierung der Theater als feste Konstellation, deren Beseitigung mühselig und zeitraubend sein wird. Das oben beschriebene Kartell von unfähigen Kulturpolitikern und eigensüchtig theaterpolitisierenden Feuilletonisten hat – und das ist seine gravierendste Fehlleistung – das Primat der Regisseure als Theaterleiter beendet. Damit wurde die künstlerische Sensibilität der Theater verhängnisvoll verletzt.

Der leitende Regisseur wurde seiner Aufgabe, ein Ensemble zu bilden, die für Nichtkünstler unverständlichen Nöte der Schauspieler aufzufangen, die künstlerische Idee eines Theaters zu bestimmen und durchzusetzen – mit einem Wort den Kunstwert eines Theaters zu schützen und sichtbar zu machen, beraubt. Damit wurde eine künstlerische Einheit zerstört, die die Kraft des Theaters ausmacht. Nur ein Künstler ist imstande, die unberechenbaren Notwendigkeiten und das unverzichtbare Chaos eines Theaterbetriebes zu garantieren, so daß Kreativität und utopische Qualität der künstlerischen Produktion überlebensfähig bleiben.

Die Bürokratisierung der Theater kann die wunderbare künstlerische Arbeitsteilung zwischen einer vom richtungweisenden Regisseur geführten Theaterleitung und den Schauspielern des Ensembles niemals ersetzen. Dies aber können kunstferne Politbürokraten nicht verstehen. Und Kritiker, die kaum einen Regisseur zu groß werden lassen wollen, tun alles, damit die Geschlossenheit der künstlerischen Kollektive in den Theatern nicht zu stark wird. Führt es doch zunehmend zur Bedeutungslosigkeit des Feuilletons, wenn Theater als geschlossener Kreislauf auftreten können. Das galt beispielsweise für die Berliner Schaubühne ebenso wie für die Münchner Kammerspiele unter Schweikart und später Dorn. Und es gilt – heutzutage selten genug – für Dorns neu im Bayerischen Staatsschauspiel angesiedelte Truppe.

Wenn er sich heute in der deutschsprachigen Theaterszene umschaut, wer die Theater leitet, überkommt den Theatermenschen Mutlosigkeit und Wut. Wut auf das Kartell, welches das Theater in eine Krise getrieben hat, deren Beseitigung fraglich ist. Es bleibt nur die Hoffnung, daß sich die historische Größe und existenzielle Notwendigkeit des Theaters auch in dieser Situation behaupten kann. Gegen ein Panoptikum von unfähigen Gestalten an der Spitze der meisten deutschen Theater ist ein Aufstand nötig, den nur die Theaterkünstler selbst auslösen können.

Hamburg zum Beispiel: Vor kurzem noch mit Jürgen Flimm, dem wandlungsfähigen Theaterverführer an der Spitze des Thaliatheaters, und nicht lange davor mit Peter Zadek im Schauspielhaus, erlebt eine unverdiente Zerstörung seiner außerordentlichen Theaterhistorie. Im Thaliatheater ist mit dem Dramaturgenintendanten Ulrich Khuon das lehrerhafte Mittelmaß, die Langeweile eingekehrt. Gänzlich unerträglich aber ist, was Tom Stromberg, ein kunstferner Verwalter, zu dessen Vorgeschichte schon der Abbau der führenden deutschen Avantgardebühne, des TAT in Frankfurt, gehört, mit dem Hamburger Schauspielhaus macht. Ohne die Fähigkeit, Theaterarbeit, Regisseure und Schauspieler auch nur im geringsten beurteilen zu können, kauft er mit den immer noch ansehnlichen finanziellen Mitteln des Theaters wahllos und ohne Konzept Theaterleute ein, die sich und dem Schauspielhaus keinerlei Kunstereignis und Leben bescheren. Wie lange soll das noch gehen?

Auch in Berlin sind schwierige und unbefriedigende Theaterzeiten angebrochen. Von der neuen Mannschaft der Schaubühne war schon die Rede. Aber auch das renommierteste Haus nach Schließung des Schillertheaters und der Freien Volksbühne, das Deutsche Theater, ebenfalls von einem Dramaturgenintendanten, Bernd Wilms, geleitet, kann die wichtige Zeit davor unter dem Regisseur-Intendanten Thomas Langhoff nicht vergessen machen. Wilms für Langhoff, was für ein deprimierender Tausch.

Eine Ausnahme unter den großen deutschen Theatern stellt das Bochumer Schauspiel dar. Von den Albernheiten eines Leander Haußmann und seines zwar Jugendklischees am laufenden Band produzierenden, aber früh gealterten Hausregisseurs Jürgen Kruse in eine bedrohliche Krise gestoßen, hat sich das Theater unter der richtigen Leitung schnell wieder geordnet und einen neuen künstlerischen Aufstieg begonnen. Der neue Intendant Matthias Hartmann, ein außerordentlicher Regisseur, hat das Bochumer Theater nach den Theaterlügen und unqualifizierten Kinderspielen des arroganten Haußmann und seines Verabredungen und Solidarität verachtenden Mitstreiters Kruse zu einer der wenigen seriösen Bühnen der deutschsprachigen Szene gemacht. Die überall so sehr vermißten Qualitäten des Intendantenregisseurs haben in Bochum ein schnell entstandenes gutes Ensemble und intelligente Spielplanarbeit sichtbar gemacht. Und das Publikum kommt in sein wiederentdecktes Theater zurück. Dieser noch junge Intendant läßt die Hoffnungen entstehen, daß die richtigen Leute wieder an den richtigen Stellen auftauchen könnten.

In der alten Theaterhauptstadt München ist es neben dem – nach wie vor Gott sei Dank arbeitenden und unentbehrlichen – Dieter Dorn der schon ausgiebig beschriebene Impresario Frank Baumbauer, der die wunderbaren Münchner Kammerspiele zum Ort seiner wohlkalkulierten persönlichen Erfolgsstory macht.

Eine Ausnahme unter den Verwaltungs- und Organisationsintendanten ist der Burgtheater-Direktor Klaus Bachler in Wien. Obwohl ihn seine Laufbahn als Theater- und Festspielorganisator in seine Position gebracht hat, verfügt er über ein ungewöhnlich sensibles Theaterverständnis, das ihm ermöglicht, mit viel Geld und guten Worten großen Regisseuren und Schauspielern Arbeitsbedingungen anzubieten, die sonst nirgends zu bekommen sind. Das hat zu einem vielversprechenden Aufschwung des Burgtheaters geführt.

In Zürich hingegen hat der derzeit erfolgreichste Avantgarderegisseur, eigentlich Musiker und Theaterexot, das Züricher Schauspielhaus unter dem Beifall der überregionalen Kulturpresse in ein beispielloses Chaos gestürzt und das Publikum aus dem Theater vertrieben. Es gibt also auch Regisseure, die vollkommen ungeeignet sind, ein Theater zu leiten. Von Christoph Marthaler ist die Rede, dem sympathischen Liebhaber von Langsamkeit, Unverständlichkeit und Textwiederholungen. Ihn wieder an den avantgardistischen Rand der Theaterarbeit zu versetzen, hieße dem Theater einen liebenswerten Theatermacher und seine Möglichkeiten zu erhalten, dem Zürcher Schauspielhaus die Ablehnung durch einen Großteil des Publikums und das Versinken dieses traditionsreichen Hauses im Chaos zu ersparen.

Wenn hier mehrfach von Dramaturgieintendanten die Rede war, so stellt sich die Frage, welche Voraussetzungen Dramaturgen haben müssen, um als Theaterleiter die Geschicke eines Kunstinstituts zu bestimmen. Ist doch der Dramaturg der umstrittenste, weil schwer definierbare Teil des kreativen Teams eines Theaters. Seiner Herkunft nach ist der Dramaturg ein Mensch, der den Theaterleitern aufgrund seiner Studien und der dabei erworbenen Belesenheit bei der Exegese der Texte und Inhalte beistehen soll. Seine Intelligenz, sein analytisches Vermögen ist bei der Vorbereitung auf Theaterarbeit eine wichtige Unterstützung der oft unzureichend gebildeten und informierten Künstler.

Vom künstlerischen Prozeß aber bleibt der Dramaturg weitgehend ausgeschlossen. Nur wenige Sensible unter den dramaturgischen Mitarbeitern haben sich im Laufe ihres Berufslebens die Fähigkeit des kritischen Blicks auf künstlerische Arbeiten erworben. Als professionelle Beobachter können sie Fehlentwicklungen frühzeitig erkennen und als Hilfe für die Theatermacher darauf hinweisen.

Aber sinnvoll und zutreffend ist diese oft sehr egomane und elitäre Kritik meistens nicht. Dies überrascht nicht, fehlt dem Dramaturgen in der Regel doch jedes kreative Talent. Er kann reagieren, fast nie agieren. Da er also am künstlerischen Entstehungsprozeß einer Theateraufführung nicht wirklich beteiligt ist, trägt er auch keine Verantwortung. Weder positiv noch negativ. Daraus ergibt sich je nach charakterlichen Voraussetzungen eine polemische, manchmal überhebliche, weil vermeintlich mit besserem und entscheidendem Wissen ausgestattete Haltung, die für sich Kunstergebnisse in Anspruch nimmt, an denen der Dramaturg wenig und vor allem keinen kreativen Anteil hat. Er ist also von Künstlern umgeben, denen er, wenn es um Bildung und Analyse geht, überlegen ist, die aber aufgrund ihrer Begabung für ihn, den künstlerisch Talentlosen, unerreichbar bleiben. Eine wahrhaft widersprüchliche und belastende Situation.

Um die eigene Position im Theater aufzuwerten, drängen Dramaturgen immer wieder in die Nähe des Theaterleiters, um an seiner Entscheidungsbefugnis und Verantwortung teilzuhaben. Folgerichtig liegt die Ambition nahe, auch den nächsten Schritt zu versuchen und selber die Führung eines Theaters zu erobern. Daß am Ziel angelangte Dramaturgieintendanten zwar akademisch gebildet und dementsprechend belesen auftreten, aber genauso kunstfern und unfähig sind, künstlerische Prozesse auszulösen wie die zu Intendanten berufenen Betriebsdirektoren, Verwaltungs- und Organisationsleute, ist leicht einzusehen. Und deswegen sind Dramaturgieintendanten in ihrer meist oberlehrerhaften, Langeweile verbreitenden Engstirnigkeit für die Theaterbetriebe ebenso bedrohlich wie ihre als Impresario oder Verwaltungsfachmann auftretenden Intendantenkollegen. Der Hilfeschrei der gebeutelten Theater richtet sich daher umso verzweifelter an künstlerisch definierte Theatermacher, deren Managerfähigkeit zu sehen oder zu entdecken ist. Diese allein haben die Kompetenz, Theaterleute und Theater zu führen. Diesen Grundsatz aber nehmen betriebsblinde Kulturpolitiker und genüßlich manipulierende Feuilletonisten nicht zur Kenntnis.

Trotz der beschriebenen Fehlentwicklung muß festgehalten werden, daß gute Dramaturgen unentbehrliche Mitarbeiter für Intendanten und Regisseure sind. Der Theatermensch hat in den 20 Jahren, in denen er als Theaterleiter arbeitete, den ständigen Dialog mit den Dramaturgen, die mit ihm von Theater zu Theater zogen, gesucht. Nur einfach zuzuhören, was im Streitgespräch zwischen den sehr unterschiedlichen Mitgliedern meiner Dramaturgie an Argumenten oft überholt und oft überraschend vorgebracht wurde, war Lernprozeß und Aufklärung. Hans Schweikart, der Vorfahre, das große Intendantenvorbild, sagte dazu: „Ich bin im Umgang mit Dramaturgen Futterverwerter. Umso mehr sie zu sagen haben, desto besser genährt kann ich meine Regiearbeit beginnen. Also ist zuhören können wichtiger als mitreden." Ein grundsätzlicher Ratschlag, den so mancher Jungregisseur nicht zu kennen scheint.

Die mangelnde Fähigkeit der Kulturpolitiker, Einfluß zu nehmen, und die billige Ironie der Kulturpresse gegenüber den Theaterleuten hat noch eine weitere fatale Wirkung. Im Kampf um die finanziellen Mittel für die Theater sind die Intendanten zunehmend allein auf sich gestellt, meist ohne Unterstützung von Politikern und Feuilletonisten.

Die zweifellos schwierige budgetäre Lage der meisten Kommunen und Bundesländer hat zu einer oft rachsüchtigen und lustvollen Beschneidung der Mittel für kulturelle Einrichtungen, besonders der Theater geführt. Rachsüchtig, weil nach langen Jahren der durch die öffentliche Meinung erzwungenen Sorgfalt im Umgang mit Kulturinstituten eine sich verändernde, nachrückende Politikergeneration die Führung übernommen hat. Unter Berufung auf eine neue technologisch bestimmte Generation konnte endlich und ohne Schaden die Bevormundung durch die politische Vätergeneration und ihr auf kulturelle Ausstattung ausgerichtetes Gesellschaftsverständnis abgeschüttelt werden. Man hatte sich den großen politischen Vaterfiguren eine lange Zeit zähneknirschend und ohne Verständnis für deren überflüssig erscheinendes Kulturinteresse unterwerfen müssen. Nun, selbst an der Macht, konnte man Rache nehmen an den beiseite geschobenen Alten und ihren angeblich gesellschaftsnotwendigen Vorlieben. Der neue lustvolle Schlachtruf hieß: „Die Kultur muß bluten". Je nach Zusammensetzung der politischen Mehrheit und dem speziellen Psychogramm der neuen Entscheidungsträger in den Kommunen und Ländern erklärte man ganz offen, oder aber zurückhaltender, hinter vorgehaltener Hand die freiwilligen Leistungen – Kultursubventionen wurden nun als solche verstanden – zu hinaus geschmissenem Geld und daher für überflüssig.

Wer nun erwartet hätte, daß die Kritiker und Kulturberichterstatter in den Zeitungen die Macht der veröffentlichten Meinung genutzt hätten, um sich schützend vor die Institute zu stellen, ihren Kampf ums Überleben zu unterstützen, der gab sich leider einer Täuschung hin. Im Gegenteil, die meisten Presseleute suchten mit boshaftem Vergnügen die Schuld für die finanzielle Misere bei den Kulturinstitutionen, insbesondere bei den Theatern und ihren Leitungen. Erst als es, so wie im Fall der Schließung des Schillertheaters in Berlin, zu spät war, gab es in den Zeitungen ein großes Lamentieren über die Kulturfeindlichkeit des Berliner Senats. Die Klagen und Polemiken waren berechtigt, aber viel zu spät vorgebracht. In anderen Fällen, in denen die schlimmste Konsequenz, die Schließung der Institution, des Theaters, durch zähen Widerstand der Theatermacher und ihrem Willen, sich dem zerstörerischen Spardiktat der Politiker notgedrungen zu unterwerfen, verhindert wurde, gab es statt Unterstützung oder Verständnis für die prekäre Lage nur Spott und Hohn in den Zeitungen zu lesen.

In Frankfurt beispielsweise wurden Mitte der neunziger Jahre die Zuschüsse für das Theater des Theatermenschen um 40 Prozent reduziert. Das war kein Sparprogramm, sondern die brutale Entscheidung, es dem Intendanten zu überlassen, ob sein Theater geschlossen oder in unzumutbaren Verhältnissen weiterleben sollte. Ich entschied mich für den Versuch, ohne sichtbare Einschränkung des Spielbetriebes weiterzumachen. Das war nur möglich, weil ein viel zu klein gewordenes Ensemble und die verbliebenen nichtkünstlerischen Mitarbeiter mit unbeschreiblichem Leistungswillen ihr Theater am Leben erhielten. In aufreibenden Kämpfen mit den führenden Politikern der Stadt und ohne jegliche Unterstützung durch die Frankfurter Zeitungen gelang es in den folgenden Jahren, zwei weitere Versuche, das Schauspiel zu schließen, abzuwehren.

Die Frankfurter Ereignisse waren kein Einzelfall. In anderen Städten ging es leiser und weniger dramatisch zu, aber die Grundhaltung war dieselbe. Wozu sollte man Geld in die Kultur stecken, da doch vordringlich die sozialen Probleme finanziell zu lösen waren. Daß die sozialen Lebensbedingungen einer Gesellschaft untrennbar mit deren kultureller Ausstattung zu tun haben, ja daß das kulturelle Leben eines Kollektivs

Voraussetzung für dessen sozialen Bestand ist, hat sich bis heute kaum im politischen Bewußtsein der Volksvertreter durchgesetzt.

Man kann sich vorstellen, daß die gemäß dem Schlachtruf „Kultur muß bluten" entsprechend ausgebluteten Theaterarbeiter in ihrer künstlerischen Kraft erheblich reduziert waren. Der Überlebenskampf, dem die Theatermacher über Jahre ausgesetzt waren, führte zu Konzentrationsverlusten bei ihrer künstlerischen Arbeit. Die Aufführungen wurden immer karger ausgestattet, Rollenbesetzungen in vielen Fällen ungenau, weil es keine Chance gab, neue Schauspieler dem Ensemble zuzuführen. Die Phantasie mußte mißbraucht werden, um materielle Unzulänglichkeiten auszugleichen. Dort wo große Bilder auf der Bühne gefragt waren, mußten karge Notlösungen konzeptionell behauptet werden. Theaterutopien fanden in leeren Bühnenräumen statt, die Kargheit wurde zum ästhetischen Prinzip. Es ist eine zynisch zu wertende Tatsache, daß der erzwungene Theaterpurismus in manchen Fällen zu verblüffenden Lösungen führte, weit einleuchtender als so manche reiche und uneingeschränkte Bühnenerfindungen.

Noch einmal Peter Zadek: Seine Inszenierung von Tschechows „Iwanow" in Wien ist ein Beispiel dafür, welche Konzentration auf Text und Schauspieler entsteht, wenn das Spiel auf einer leeren Bühne und ohne äußere technische und akustische Hilfe stattfindet. Diese Aufführung, vielleicht Zadeks schönste, ist ein Plädoyer für eine äußerst puristische Theaterästhetik. Nur, der Unterschied muß festgehalten werden: Zadeks Kargheit in der Iwanow-Aufführung ist Produkt seiner unvergleichlichen Phantasie, und nicht etwa der finanziellen Nöte des Burgtheaters, in dessen kleinerem

Haus, dem Akademietheater, diese hochgerühmte Aufführung stattfand. Auch in diesem Punkt ist das Burgtheater anders: Mit den deutschen Theatern vergleichbare materielle Einschränkungen hat dieses Wiener Heiligtum nie erleiden müssen. In Wien war die Kargheit ein theatralischer Luxus, an den meisten deutschen Theatern war sie ein Notbehelf, um überhaupt noch Theater machen zu können.

Aber über alle Katastrophen hinweg, unbeeindruckt von den Schwierigkeiten der Theatermacher, blieb das Publikum den Theatern treu, die Stücke sichtbar machten und außerordentliche Schauspieler zur Verfügung hatten. Gerade in der schwierigen zweiten Hälfte der neunziger Jahre strömte das Publikum voller Lust auf theatralische Ereignisse ins Theater. An der niederträchtigen Zerstörungsarbeit seiner Politiker vorbei, unbeeindruckt von den Sottisen und zynischen Angriffen der Theaterkritiker verbündete sich das Publikum mit seinen Theaterleuten. Besonders das damalige Theater des Theatermenschen in Frankfurt war voller als die meisten anderen deutschsprachigen Schauspielhäuser. Man hatte die besondere Qualität des Ensembles und die unmodische, inhaltlich genaue Arbeit des Theaters wahrgenommen und schloß nun ein unausgesprochenes Schutzbündnis mit den Theaterleuten. Mit Künstlern, die ihr Theater kompromißlos zu verteidigen entschlossen waren und keine modischen Verunstaltungen zuließen.

Daß es heute Theatermacher gibt, meistens sind es unkünstlerische Seiteneinsteiger, die sich auf der Bühne Videokunst, Film und Internet wünschen, kann die unverwechselbare Position des Theaters in seinem Gegensatz zu den technischen Medien nicht beeinträchtigen. Gerade in einer Zeit, in der die technischen

Medien die Distanz zum Konsumenten immer mehr vergrößern, bleibt dem Theater die unentbehrliche Funktion, humane Nähe herzustellen. Die technisch immer ausgefeiltere Vorführungstechnik im Kino, der unnahbare Fernsehschirm, das entpersönlichende Internet mit seiner äußerst indirekten Kommunikationsmethode, sie alle machen die Erhaltung eines humanen Bereichs notwendig. Das Theater allein kann leisten, was alle anderen Medien nicht zu leisten imstande sind.

Im Theater sitzt eine überschaubare Anzahl von Menschen beieinander und schaut, ungefiltert durch Technik, anderen Menschen – den Schauspielern – zu, die sich psychisch und physisch ihrem Publikum preisgeben. Geruch, Schweiß, Tränen und Lachen – alles Äußerungen und Erscheinungen, die jeden Abend neu im direkten Kontakt mit immer neuen Zuschauern entstehen. In einer zunehmend technologisierten Welt ist das Theater daher ein unentbehrlicher Freiraum, dessen Kunst der menschlichen Selbstbestimmung und dem seelischen Überleben ihre humane Chance einräumt.

Also muß das Theater nicht nur vor ignoranten Kulturpolitikern, vor zynischen Feuilletonisten und unkünstlerischen Theaterleitern geschützt werden, sondern auch vor den betriebsamen Seiteneinsteigern und den theaterfernen modegierigen Kulturhabitués. Ihr Vorsatz, das Theater mit Technologie zu überziehen und so vermeintlich der neuen Zeit anzupassen, wäre der sichere Weg, die theatralische Kunst zu enthumanisieren und damit zu zerstören. Das darf nicht geschehen, und es wird nicht geschehen, da die Menschen jenseits aller technologischen Errungenschaften das Theater brauchen wie Essen, Trinken und Schlafen.

10. Kapitel

Frankfurter Erfahrungen

Großes Fest in Bonn! Der zum Umzug nach Frankfurt entschlossene Theatermensch lernt den Chefredakteur der Frankfurter Rundschau kennen. Werner Holzer mustert mich und flüstert mir dann zu: „Wollen Sie sich das wirklich antun?" Meine Selbstsicherheit und Entschlossenheit ist uneingeschränkt: „Ich freue mich darauf".

Wenn auch ein prominenter Kritiker – er soll ungenannt bleiben – gemeinsam mit einigen weniger namhaften Feuilletonisten alle Schauspielintendanten Frankfurts in den letzten 20 Jahren so lange niedergemacht hat, bis sie die Flucht ergriffen, ja zum Teil ihre Laufbahn als Schauspielregisseure endgültig beendeten, fühlte ich mich trotzdem stark und berufen, das lange krisengeschüttelte Frankfurter Theater trotz unzureichender finanzieller Mittel wieder seinem Anspruch angemessen aufzurichten.

Johannes Schaaf war als einer der ersten dem Intendantenschlachten zum Opfer gefallen. Er zog sich sehr erfolgreich zum Operntheater zurück, und das Sprechtheater hatte den Verlust eines feinfühligen und verletzlichen Künstlers zu beklagen. Ihm folgte der Oberspielleiter des Wiener Burgtheaters, Adolf Dresen, als Intendant nach. Aber auch er verließ das Frankfurter Theater vorzeitig. Auch er hatte dem Vernichtungswillen eines Teils des Frankfurter Feuilletons nichts entgegenzusetzen. Die ihm zugefügten Verletzungen wogen so schwer, daß dieser wesentliche deutsche Schauspielregisseur bis zu seinem Lebensende nie mehr eine Schauspielinszenierung übernahm. Was für ein medialer Vandalismus!

Sein Nachfolger war der Theaterkritiker Günther Rühle. Den Bock zum Gärtner gemacht, könnte man angesichts dieser Fehlentscheidung Hilmar Hoffmanns, dem sonst so überragenden Vordenker der deutschen Kulturpolitik, meinen. Rühle, ein imponierender Theatertheoretiker, war in der ungewohnten Rolle des Praktikers überfordert und bescherte dem Frankfurter Schauspiel eine mehrjährige Durststrecke. Im Zusammenhang mit seinem verfrühten Rückzug ließ er durchblicken, daß ihm die ständigen Fußtritte der ehemaligen Zeitungskollegen unerträglich geworden waren. Wie sich interessanterweise bald nach Ende seiner Intendantenzeit beobachten ließ, kehrte er rasch wieder in den Kreis und in die Arme dieser ehemaligen Kollegen zurück. So schnell lassen sich die Seiten nur wechseln, wenn einer nie wirklich zu den Theaterleuten gehört hat.

Der Theatermensch wurde als Rühles Nachfolger nach Frankfurt berufen. Er kam, sah die desolate Lage des Schauspiels und begann, seine künstlerischen und strukturellen Erfahrungen nutzend, dem Theater ein neues Bewußtsein einzuflößen. Ein außergewöhnliches Ensemble mußte aufgebaut, dem Theater künstlerische und technische Disziplin vermittelt werden. Und schließlich war ein Spielplan zu entwickeln, der eine progressive großstädtische Ausstrahlung haben, aber vor allem das dem Frankfurter Schauspiel verlorengegangene Publikum ins Theater zurückbringen mußte. Denn ohne Publikum war Theater nicht möglich. Daß der kommunikative Akt zwischen den Schauspielern auf der Bühne und dem Publikum im Zuschauerraum eine unentbehrliche Voraussetzung für Theaterkunst darstellt, ist schon ausführlich beschrieben worden.

Frankfurt ist eine ungewöhnliche Stadt. Wie durch ein Brennglas zeigt sie alle Qualitäten und Unarten Deutschlands. International angelegt, geldgierig, voller Ambition in allen denkbaren Bereichen, Weltstandards für sich anzuwenden, ist sie dem Widerspruch zwischen einer kleinbürgerlichen Basis und intellektueller und ökonomischer Elite ausgesetzt. Idylle hat keinen Platz in dieser verrückten, überdrehten, eigensüchtigen und internationalen Stadt. Auch der Gegensatz zwischen der enormen Geldmenge in privater Hand und der ständig in Geldnöten befindlichen Kommune ist ein verzerrendes Kennzeichen Frankfurts. Der gesellschaftliche Dissens, der die Stadt prägt, ist eine hervorragende Voraussetzung für aufklärerische Kunstarbeit, ganz besonders aber ein ungewöhnlicher Antrieb für die städtische Kommunikationszentrale Theater.

In dieser Stadt anzukommen, auch nur wahrgenommen zu werden, ist eine Aufgabe, der sich alle Theatermacher, die es nach Frankfurt geschafft haben, bis an die Grenze ihrer kreativen Kraft zu stellen haben. Und es geht viel langsamer als in allen anderen deutschen Städten. Die Menschen sind mißtrauischer, abwägender, von einer oft spröden Intellektualität. Sich hinreißen lassen, lieber verführt als überzeugt zu werden ist ihre Sache nicht. Leidenschaft kann erst, wenn überhaupt, ganz am Ende einer Entwicklung entstehen, die mit skeptischem Beobachten beginnt, in einen interessierten Diskurs übergeht und nach einer Zeit der gemeinsamen Reflexion in eine emotionale Zusammengehörigkeit mündet. Leidenschaft für die

Kunsteinrichtung Theater entsteht meist erst dann, wenn die Trennung zwischen Publikum und jeweiligem Theatermacher bevorsteht. Das muß man wahrnehmen und seine Planungen danach einrichten.

Die demonstrative Selbständigkeit der Frankfurter ist auch schwerer als anderswo zu beeinflussen. Will sagen, die andauernden Störversuche der ansässigen Zeitungsschreiber sind weitaus wirkungsloser als in anderen Städten. Nur ihretwegen aufzugeben, wie es einige Theaterleiter, auch Regisseure und Schauspieler im Laufe der letzten Jahrzehnte getan haben, ist unklug und dem Frankfurter Lebensstil nicht angemessen. Ausdauer, so die Erfahrung des Theatermenschen, wird vom Frankfurter Publikum belohnt. Es dauerte einige Jahre länger als zunächst erwartet und erhofft, aber dann waren die Theaterinteressierten in großer Zahl in das lange verstoßene Theater zurückgekehrt.

Ähnlich wie vor dem Rückzug Flimms das Hamburger Thaliatheater, Langhoffs Deutsches Theater in Berlin und natürlich vor allem Dorns Münchner Kammerspiele, versuchte das Frankfurter Schauspiel die Arbeit mit den literarischen Theatervorlagen gesellschaftsbezogen, wirklichkeitsnahe und mit Respekt vor den Autoren zu vollziehen. Auch das hohe Niveau des Ensembles war eine unentbehrliche Voraussetzung für die Rückgewinnung des Publikums. Eingesponnen in die eigenständige Theaterwelt, die der Theatermensch und sein Team durchzusetzen entschlossen waren, gelang vieles; Fehlentwicklungen wurden, bedrohlich wie sie waren, zunächst bewußt ignoriert, später verdrängt.

Besonders erfolgreich war die Suche nach Nachwuchskünstlern, die im neuen Team des Theatermenschen, wie in seinem früheren Theater, bevorzugt eingesetzt und entwickelt wurden. Judith Engel war für unser Theater entdeckt worden, später Dorothee Hartinger, ebenso direkt von der Schauspielschule gekommen auch Christian Nickel und Christian Tschirner. Sie nur stellvertretend genannt für alle anderen Hochbegabten, die für unser Theater wichtig waren. Töchter und Söhne waren sie, geliebt, gehegt und gefeiert.

Es war schon richtig, daß sie beinahe alle, erfolgreich wie sie waren, nach ein paar Jahren zu anderen Regisseuren weiterzogen, in andere große Theater wechselten. Die Trennung war manchmal schwer zu ertragen, aber notwendig. Manche zerrissen die Beziehung zum Theatervater rücksichtslos und ohne emotionale Probleme. Andere zogen mit Trauer und familiärer Anhänglichkeit davon. Wenn man ihre aufsteigenden Karrieren verfolgt, bestätigen sie meist ihr früh entdecktes, ungewöhnliches Talent. Und angesichts der Tatsache, daß beinahe alle weitergekommen sind, weichen Verlustgefühle dem Stolz, solche außergewöhnlichen Begabungen dem Theater zugeführt zu haben.

Eine der wesentlichsten Entdeckungen einige Jahre nach Beginn der Frankfurter Arbeit war das Regieduo Robert Schuster und Tom Kühnel. Studenten der „Ernst Busch"-Schule in Berlin, hatten sie aufgrund der Zusammenarbeit zwischen ihrer Schule und dem Gorkitheater auf dessen Studiobühne eine beeindruckende Inszenierung von „Weihnachten bei Iwanov" von Aleksandr Wedenskij herausgebracht. Besonders eindrucksvoll war ihre Arbeit mit menschenähnlichen Puppen, die von schwarz gekleideten Puppenspielern geführt wurden. Die Zusammenführung von Schauspielern und Puppen, gestaltet von der wunderbar eigensinnigen Puppenbauerin Susanne Wächter, ergab eine umwerfende theatralische Wirkung. Voll Bewunderung für diese Arbeit gelang es, Schuster und Kühnel sowie mehrere aus demselben Schauspielschuljahrgang kommende Mitglieder der Gruppe um die beiden Regisseure nach Frankfurt zu bringen. Ihre Arbeit in den ersten zwei Jahren war nicht nur für Frankfurt erfolgreich und wesentlich, sondern sie war auch ein Plädoyer für die richtige Weiterentwicklung des deutschsprachigen Theaters aus dem Bewußtsein und den Möglichkeiten einer neuen Generation. Programmatisch am Beginn ihrer künstlerischen Arbeit mit großen Texten der Theaterliteratur konfrontiert, erreichten sie in ihren Arbeiten eine überzeugende Annäherung an Inhalt und Ästhetik der Stücke, ohne ihre eigene Wirklichkeit und Denkweise aufgegeben zu haben. So entstanden bald einige überzeugende Inszenierungen, die die Absichten und Perspektiven der Theaterleitung grundsätzlich bestätigten. Man erinnert sich an Becketts „Warten auf Godot", Shakespeares „Titus Andronicus", einer noch aus der Schulzeit der Regisseure übernommenen und überarbeitete Aufführung der „Antigone" des Sophokles und vor allem an ihren Ibsenschen „Peer Gynt".

Dieser „Peer Gynt", gespielt von dem hoch begabten Christian Nickel, war der Durchbruch von zwei Regiebegabungen, deren Eigenart, mit dem Theater umzugehen, unter Verwendung alter Regeln dieser Kunst, den Gedanken und der Wirklichkeit einer neuen Welt entsprungen zu sein schien. Ohne Leistungsdruck, unterstützt von allen Möglichkeiten des Theaters konnten sie, unabhängig und ohne an äußeren Erfolgen gemessen zu werden, in Selbstbesinnung und Konzentration ihre künstlerischen Möglichkeiten überprüfen und einsetzen. Wahrlich die ideale Arbeitsmöglichkeit, um zwei große Theaterbegabungen so weiterzubringen, daß sie die Zukunft der Theaterkunst garantieren konnten.

Aber die Zeiten hatten sich geändert. Mit Schrecken mußte ich feststellen, daß es nicht mehr möglich war, das eigene Theater zu einem geschützten, in sich geschlossenen Kreislauf zu machen, um die immer deprimierender werdende Fehlentwicklung der Theaterszene von der eigenen Arbeit fernzuhalten. Fast alle seriösen Intendanten rings im Lande hatten den Rückzug angetreten, und die neuen Theaterleitungen mißbrauchten ihre Bühnen zunehmend als Laufsteg dümmlicher Eitelkeiten.

Verwirrt und manchmal opportunistisch schlossen sich die wenigen sichtbaren Talente dem neuen Trend an. Die besten unter ihnen benützten die neu entstehenden Verhältnisse kaltschnäuzig für die eigene Kunstidee. Jan Bosse, der auffälligste junge Regisseur Ende der neunziger Jahre, erinnert von seiner Denkweise, der Kälte seiner emotionslosen Ichbezogenheit und seinen intellektuellen Fähigkeiten her an den jungen Peter Stein. Wenn Bosse seine künstlerische Selbstbezogenheit und Unabhängigkeit von Modeeinflüssen auf Dauer durchsetzen kann, verbindet sich mit seiner wahrscheinlichen Karriere die Hoffnung auf Rettung und Neubeginn einer seriösen Theaterentwicklung. Amelie Niermeyer, die Ruhelose: Getrieben von unbezähmbarer Neugier und uneingeschränkter Phantasie, ist sie sich ständig selbst auf der Spur. Ihre Begabung wird immer selbstbewußter und spiegelt sich in der fortschreitenden Vertiefung und Poesie ihrer Regiearbeiten. Mit ihrem erfolgversprechenden Entschluß, Intendantin zu werden, gibt es eine weitere Hoffnung auf Heilung der in Videoästhetik erfrierenden Theaterkunst.

Aber Hoffnung kann trügerisch sein, wie sich am Beispiel der Regisseure Robert Schuster und Tom Kühnel gezeigt hat. Die beschriebene Sorgfalt, von der sie im Frankfurter Schauspiel umgeben waren, und auch die sichtbaren und vielversprechenden Ergebnisse ihrer Arbeit an dieser Bühne nützten nichts. Als die Verführung durch eine pseudointellektuelle Gruppe, zusammengesetzt aus Egomanen, die von Modeströmungen zu großen Künstlern erkoren wurden, und avantgardistisch geprägten dramaturgischen Mitläufern einsetzte, wurde die Trennung herbeigeführt, und der Aufbruch zur Avantgarde mit großer Begeisterung vorgenommen.

Daß dabei das eigene Talent vergewaltigt wurde, scherte die beiden verlorenen Söhne wenig. Sie schlagen sich seither mit alternativen Theaterformen herum, die weder ihrem Denksystem noch ihrer Begabung entsprechen. Die großen Texte der Theaterliteratur, der Umgang mit den ursprünglichen Bedingungen der Schauspielkunst, die Beherrschung des klassischen Bühnenraumes entsprechen ihren außergewöhnlichen Möglichkeiten. Überwältigt von der Vorstellung, daß der ihnen von Scharlatanen aufgedrängte neue Weg die Zukunft progressiver Theaterarbeit sei, lassen sie ihre fulminante Begabung hinter sich in dem Glauben, damit seien sie konservativen, nicht mehr zeitgemäßen Theaterströmungen entkommen. Welch ein trauriger Irrtum. Traurig für Schuster und Kühnel, erschreckend für die Perspektiven der Theaterkunst, wenn die Berufenen auf derart klägliche Weise ausfallen.

Die Beschreibung dieses deprimierenden Einzelfalles steht als Beispiel für die besorgniserregende Entwicklung der deutschsprachigen Theaterszene im allgemeinen. Weder das Kunstbedürfnis noch eine gesellschaftspolitische Haltung, schon gar nicht das Verständnis für die handwerklichen Fähigkeiten eines Künstlers oder ein ästhetisches Programm sind das Maß der Theaterarbeit.

Da auch die moralische Integrität als unverzichtbare Voraussetzung jeder künstlerischen Tätigkeit verlacht wird, bleibt nur Eventbesessenheit und das originell sein sollende Alles-anders-Machen übrig. Die dabei freiwillig und unfreiwillig entstehende Albernheit wird von vielen Feuilletonisten als neue Theaterentwicklung gefeiert. So werden bei einem großen Teil des Theaternachwuchses die letzten Hemmungen abgelegt und das Theater immer weiter einem katastrophalen Absturz zugetrieben. Daß unter diesen Voraussetzungen die Meinung überhand nimmt, daß das Theater alt und überflüssig geworden sei, kann zwar erschrekken, aber nicht erstaunen. Die Hoffnung bleibt und muß bleiben, daß einzelne Unbestechliche und von der öffentlichen Meinung nicht Beeinflußte den unappetitlichen Spuk beenden und die Unzerstörbarkeit des Theaters neu beweisen werden.

So stellten sich die Theaterverhältnisse Mitte der neunziger Jahre dar, als es endlich gelungen war, die desolaten Verhältnisse, die im Frankfurter Theater vorgefunden worden waren, zu korrigieren. Der Theatermensch fühlte sich allein gelassen in einer Theaterwüste, in der die Heuchelei in den Theatern und bei den professionellen Beobachtern außerhalb der Theater überhand nahm. Was konnte getan werden? Der Popanz einer modischen Eventkultur, der Zeitgeist als lauthals ausgerufenes Klischee einer postmodernen Schickeria beherrschte zunehmend das Epigonentum einer minderbegabten Mitläuferszene. Man konnte sich angesichts mangelnder Kreativität auf die Vorgaben eines Feuilletons berufen, dessen kulturanalytische Fähigkeiten sich in der Aufhebung aller inhaltlichen und ethischen Vorgaben erschöpften. Die willkürliche Zerstörung aller Parameter der theatralischen Kunst, das Unverbindliche zum künstlerischen Prinzip erhoben, war die zynische Haltung vieler selbsternannter Kulturpäpste in den Zeitungen, die sich als progressiv ausgaben. Eine pseudointellektuelle Clique heuchelte Unbestechlichkeit und genoß nichts mehr, als von den Schwachen und Mittelmäßigen unter den Theaterleuten bedingungslos hofiert zu werden. Korrupt im Kopf revanchierte man sich, indem man die Theaterzwerge zu Riesen hochstilisierte und den wenigen seriösen Nachwuchstalenten, die die vergnügte Korruption zwischen Feuilleton und Theaterleuten verweigerten, das Vorankommen verwehrte oder mindestens schwer machte.

Freilich konnte unsereiner die erprobte Überlebenstechnik wählen, sich gegen Außeneinflüsse abkapseln und sich ausschließlich auf das Zueinanderkommen des hochqualifizierten Frankfurter Ensembles mit dem zu einer zahlreichen Gemeinschaft angewachsenen Publikum konzentrieren. Aber das reichte zum theatralischen Weiterleben nicht aus. Sollte das ganze Potential, der reichhaltige Fundus der großen Theatererlebnisse, der erworbene Theaterverstand in einem Theater gefesselt sein, nur weil der Blick nach draußen erschreckende Leere sichtbar machte? Den Heuchlern, die sich ein nicht zu beseitigendes Geflecht von intellektueller und künstlerischer Selbstbeweihräucherung geknüpft haben, ist bis heute nicht beizukommen. Und die immer ausgerufene Hoffnung auf Rettung durch einen Kreuzzug der noch immer und auch jetzt auftauchenden großen Talente kann die Depression der Verteidiger der unverzichtbaren Lebensnotwendigkeit, des Existenzprogramms Theater nicht beseitigen.

Die Jungen und die Alten, die um die unumstößlichen Regeln der Theaterkunst wissen, sind aufeinander angewiesen, in ihrem verzweifelten Kampf gegen Talentlosigkeit, Gedankenarmut und Heuchelei, den sie trotz allem gewinnen müssen. In der aktuellen Theaterwüste ist es schwer, einander zu finden und Gemeinsamkeiten zu entwickeln. Aber es ist die einzige Chance, in kleinsten Gruppen, in Partnerschaften mit den wenigen Entdeckungen einen neuen Anfang einzuleiten. Das haben wir im Frankfurter Theater immer wieder versucht. Und es ist nicht nur Selbsttäuschung, daß es über die Generationen hinweg zu künstlerischen Begegnungen kam, die es den erfahrenen Theaterleuten ermöglichten, die Vielzahl ihrer Erlebnisse, die Bedingungslosigkeit ihrer oft leidvoll erworbenen Theaterkenntnis und die Unbeirrbarkeit ihres moralischen Kunstbegriffs mit der Kraft junger, unbestechlicher Talente und deren unzerstörbarer Theaterbesessenheit zu verbinden.

Diese Begegnungen lassen erahnen, daß die großen Gedanken und Bilder, die das deutschsprachige Theater vorzuweisen hat und von denen einige in diesen Erinnerungen dargestellt werden konnten, erneuert, einer anderen Wirklichkeit entsprechend und mit der Unschuld einer unverbrauchten Kreativität wieder auftauchen werden. Wenn, und das ist die bedrohliche Fragestellung, die Kraft ausreicht, um den aufgehäuften Schutt – das Kartell von Feuilleton und Kulturpolitik –, die Periode der neunziger Jahre und ihrer Theaterzerstörung beiseitezuräumen.

Das müssen die Neuen wie Jan Bosse, Michael

Thalheimer vielleicht und die anderen, die wir noch gar nicht kennen, machen. Der Theatermensch und seinesgleichen können nur mehr assistieren, das Licht in den Köpfen andrehen, Unbestechlichkeit verlangen und die Heuchelei ringsum bloßstellen. Die Heuchelei einzelner muß Gegenwehr und Veröffentlichung erfahren, wie zum Beispiel die eines recht namhaften Kritikers – sein Name soll weiterhin unerwähnt bleiben –, der bei einer Diskussion mit Frankfurter Theaterbegeisterten in höchsten Tönen von der wunderbaren Neuenfels-Inszenierung der „Medea" des Euripides berichtete. Er tat dies, um diese Inszenierung aus einer, wie er darzustellen versuchte, großen Zeit des Frankfurter Theaters gegen die deprimierend heruntergekommene Theaterkultur der neuen Ära auszuspielen. Die eben erst begonnene Arbeit der neuen Theatermacher mußte, ohne sie richtig wahrgenommen zu haben, zerstört werden wie die aller anderen Intendanten und ihrer Ensembles davor. Das war und ist Selbstbefriedigung dieses sogenannten Feuilletonisten, die Demonstration seiner Möglichkeit, mediale Macht auszuüben, ohne für seine veröffentlichte Meinung die Verantwortung zu übernehmen.

Als ihm in jener Publikumsdiskussion ein Teilnehmer vorhielt, daß er seinerzeit nach der Premiere der „Medea" einen arroganten Verriß veröffentlicht habe, bellte der Feuilletonist mit vor Peinlichkeit hochrotem Kopf: „Man wird doch seine Meinung ändern dürfen!" in den Saal. Selbstverständlich, man darf! Wenn man allerdings eine seit über fünfzehn Jahren nicht mehr zu besichtigende Theateraufführung nur deswegen plötzlich – und im Gegensatz zu ehemals wütender Ablehnung – in höchsten Tönen preist, um das Gefälle zu einer Arbeit, die man zerstören möchte, genügend dramatisch und polemisch darstellen zu können, ist das nicht Meinungswechsel, sondern ein Paradeexempel für Heuchelei.

Daß derselbe Mann auch in Praxis an der Theaterzerstörung teilnimmt, macht die Sache noch übler. Irgendwie ist es ihm nämlich gelungen, Leiter der Schauspielschule der Stadt zu werden. An der von ihm dominierten Auswahl der Kandidaten für die Schauspielklassen und dem meist dürftigen Ergebnis der unzulänglichen Ausbildung der Absolventen läßt sich mit schonungsloser Schärfe sein künstlerisch kreativer Mangel ablesen. Traurig ist es, daß Lebensentwürfe junger Menschen durch diese egomane Selbstbehauptung eines Ungeeigneten um die persönliche Chance gebracht werden. Daß ihm die Mehrheit der deutschsprachigen Theaterleute, trotz seines uneingeschränkten Forums in einer der großen Tageszeitungen Deutschlands, keine Beachtung mehr schenkt, und daß seine Wirkung auf das Frankfurter Publikum bei den meisten Theatergängern nur mehr Achselzucken auslöst, macht das durch ihn repräsentierte System eines hauptsächlich an Manipulation interessierten Feuilletons nicht weniger gefährlich für die Überlebensfrage des Sprechtheaters!

Schutz hingegen muß den blühenden Begabungen gegeben werden, wo sie auch auftauchen. Ihre künstlerische Unschuld, ihre Theaterleidenschaft, ihre komödiantische Lust ist die Chance des Theaters. Bei einem Besuch im Wiener Reinhardt-Seminar kam es zu einer Begegnung mit einer Gruppe von Schauspielschülern, deren Vergnügen an Verstellung, Erfindung von ungewöhnlichen Situationen, unverfälschtem Umgang mit der Theaterliteratur derart spontan und begeisterungsfähig erschien, daß man als Beobachter Zeit und Ort vergessen konnte. Wie eine Einkehr bei den Ursprüngen des Theaters, beim die Seele beflügelnden Mimus, unentbehrlich und von hinreißender humaner Schönheit, verlor sich der Theatermensch in der Bewunderung und Entdeckung der einfachen theatralischen Äußerungen, die hier bei den jungen Leuten zu finden waren. Die Beschädigung durch eine zynische und unqualifizierte Szene, der zunehmende Verlust der künstlerischen Unschuld und Kraft des Theaters ließen sich in den wenigen Stunden in der Wiener Schauspielschule vergessen und verdrängen.

Mittelpunkt jener Gruppe junger, angehender Schauspieler war ein besonders hervorstechender Schüler, dessen ungelenker Körper und bayerischer Akzent seine faszinierende Bühnenpräsenz noch unterstrichen. Lachend, grölend, zart und manchmal in Tränen aufgelöst, verlor sich dieses große Talent ganz in sich und den verschiedenen Figuren, die er in schneller Folge darstellte. Erinnerungen an den eigenen theaterbesessenen Anfang, in der gleichen Schule, überfielen den Theatermenschen. Es war ein Rückblick auf viele erlebte Theaterwunder und Theaterverletzungen. Der unverletzte Zustand dieser jungen Schauspielschüler bestärkte die Überzeugung, daß der Kampf um Integrität und künstlerische Unschuld als Voraussetzung für das Überleben des Theaters nicht aufgegeben werden darf.

Der junge Schauspieler aus Wien wurde an das Frankfurter Theater engagiert und brach angesichts der Tatsache, daß er nun in einem großen Theater seine Laufbahn beginnen konnte, in Tränen aus. Freundlich verspottet ob seiner Tränenflut beendete er unter beschämtem Lachen die feuchten Gefühle und versicherte, daß seine Fähigkeit zu weinen durch eine überaus empfindsame Seele und große Bestände von Augenflüssigkeit jederzeit einsetzbar wäre. Die meist himmelhochjauchzenden und nur selten zu Tode betrübten Zustände von Robert Bartl, so heißt der junge Mann, ließen noch manchen Tränenfluß hervorbrechen. Die komödiantische Lust an sich selbst und seinen psychischen Zuständen wiesen auch in der Arbeit an großen Rollen das ungewöhnliche Talent nach. Bald mit großen Rollen betraut, bestätigte sich der erste Eindruck einer ursprünglichen mimischen Begabung, die sich mit einem ausgeprägten Kunstsinn verband.

Ein als großes Talent eingeschätzter junger Schauspieler muß möglichst sofort mit großen und schwierigen Rollen konfrontiert werden. Der sorgfältige Umgang mit ihm ergibt sich nicht aus erst allmählich größer werdenden Aufgaben, sondern aus der Unterstützung, die ihm bei der Erarbeitung schwieriger Rollen gegeben wird. Bartl bestätigte die Hoffnungen des Theatermenschen durch ein überzeugendes Ergebnis seiner Arbeit an Shakespeares wunderbarer Rolle des Zettel im „Sommernachtstraum". Da wächst ein Protagonist und vor allem ein Garant für die Unzerstörbarkeit des Theaters heran. Er lügt, wenn er weint, aber diese Lüge ist die höhere Wahrheit des Theaters. Die wenigen Eingeweihten wissen das. Und sie müssen ihr Wissen gegen die Theatervandalen und Heuchler verteidigen.

Dieter Dorn hat den jungen Schauspieler Bartl an sein Münchner Theater geholt und so dem Theatermenschen am Ende seiner Frankfurter Zeit die Sorge um die Weiterentwicklung einer besonderen Theatererscheinung genommen. Nur, Robert Bartl muß weitergebracht werden, er muß das künstlerische Leben eines Protagonisten führen, um nicht zu verkümmern. Dieter

Dorn, der Behüter und Architekt eines großen Ensembles, weiß das und wird ihn nicht untergehen lassen.

Noch kann Dorn weiterentwickeln. Er hat erneut die Möglichkeit bekommen, ein eigenes Haus zum Forum seiner ungewöhnlichen Arbeit zu machen. Einer Arbeit, die über Jahrzehnte die deutschsprachige Theaterkultur maßgebend dargestellt hat. Die persönliche Krise, die sich mit Aufgabe und Verlust der eigenständigen Theaterarbeit und des zu bestimmenden und zu verantwortenden Theaterbetriebes einstellt, ist Dorn und dem Theatermenschen bekannt. Dorn kann weitermachen! Gott sei Dank für Robert Bartl, für Dorns eng verwobenes Ensemble, das ihm seit Jahrzehnten folgt, und vor allem für das gesamte deutschsprachige Theater. So lange er und sein Theater existiert, gibt es einen künstlerischen Maßstab, der die wenigen wirklichen Theaterleute von den Scharlatanen, Mitläufern und Heuchlern unterscheidet. So lange es sein Theater gibt bleibt Hoffnung, daß ein Nachfolger heranwächst, der unseren Kampf, auch den des Theatermenschen, weiterführt und die Unsterblichkeit der Theaterkunst zu beweisen imstande ist.

11. Kapitel

Schauspieler

Es begann mit Schauspielern und soll mit Schauspielern enden. Denn Tröstung tut not. Die Wanderung auf der Suche nach der Wahrheit der Kunst im Theater führt durch die Niederungen der Eitelkeiten, über die Schutthalden machtbesessener Selbstdarsteller, durch die trüben Gewässer von Intrige und Neid.

Man trifft auf Lügner, Treulose und Heuchler und beginnt immer wieder dem eigenen Antrieb zu mißtrauen. Aber auf einmal, wenn man der Resignation nahe ist, sitzt man in einem Zuschauerraum, ein Vorhang hebt sich, und dann sind sie da: Schauspieler. Das menschliche Kunstwerk auf der Bühne, die humanste, die sinnlichste Kunstform, der man begegnen kann, erscheint unbeschädigt. Die Besserwisser, Schwätzer und Heuchler verschwinden im Dunkel des Zuschauerraums, und oben auf der Bühne im Licht stehen die personifizierten Gedanken, Träume, Hoffnungen und Utopien, deretwegen das Theater eben doch unzerstörbar und für immer unentbehrlich ist.

Es ist nicht erstaunlich, daß sich die guten Erinnerungen an ein Theaterleben vor allem mit Schauspielern verbinden. Auch für den Theatermenschen sind wunderbare Schauspieler die Leuchttürme, die die Orientierung im dunklen Gewässer theaterbedrohender Zeiten ermöglicht haben. Einfach so, ungeplant, ohne Qualifizierung und ohne Qualitätshierarchien, zufällig, aber höchst konkret, tauchen sie auf und wollen angesprochen werden.

Da ist der größte Hamlet-Darsteller, der in der zweiten Hälfte des vorigen Jahrhunderts zu finden war: Oskar Werner. Man erinnert sich an die Schwebezustände dieses Schauspielers, die man auf der Bühne beobachten konnte. Der helle und nasale Klang seiner Stimme unterstrich die Zartheit seiner Erscheinung. Seine Bodenhaftung schien mit irdischen Erfahrungen nichts zu tun zu haben. Seine Ironie und seine Erotik schienen auf der Bühne fremde Welten entstehen zu lassen, in die einzutreten für den Betrachter hinreißend-verführerisch war und süchtig nach Verweilen machte. Ihm zuzuschauen wurde für viele zur Droge, der man sich nur schwer entziehen konnte.

Für Oskar Werner aber war die Sucht der anderen, an seiner Kunst teilzuhaben, eine übermenschliche Last. Nach und nach verschloß er sich immer mehr, trat nur mehr selten auf. Sein zunehmender Alkoholkonsum war eine verhängnisvolle Flucht vor dem eigenen übergroßen Talent und den Verfolgern, die immer wieder Teile dieser ohnehin überforderten Psyche rücksichtslos in Anspruch nehmen wollten. So versank diese vielleicht größte Schauspielerpotenz der letzten Jahrzehnte immer tiefer in alkoholischer Selbstzerstörung. Ein letztes Fernsehinterview, nicht lange vor seinem Tod, läßt erahnen, welch mozartähnliche Künstlerexistenz dem Theater viel zu früh verloren ging.

Ganz anders sein Nachfolger. Wie Oskar Werner nicht nur im Theater, sondern auch beim Film höchst erfolgreich: Klaus Maria Brandauer. Raumgreifend und Räume füllend ein vitaler, hochfahrender Theateraristokrat, den die Talentlosigkeit und Verlogenheit seiner Umgebung nicht zum Alkohol treibt, sondern zur intelligenten Herablassung gegenüber allem, was sich ihm unqualifiziert in den Weg stellt. Scheinbar unbeabsichtigt endet Brandauer immer im Mittelpunkt der Szene, mit der er sich gerade beschäftigt. Das trägt ihm oft Neid und Bosheit kleingeistiger Theaterleute ein, wie sie einem großen Schauspieler nie erspart bleiben. Die Unterlegenheit dieser Leute wird der dominierenden Kraft des Beneideten als selbstsüchtige Eitelkeit aufgerechnet. Schon als Prinz in „Emilia Galotti", inszeniert vom großen Fritz Kortner – es war seine letzte Regiearbeit – war die Eigenart des großen Talents zu sehen. Hellsichtig, radikal, von egomaner Sensibilität und mit der Gnade der theatralischen Unschuld, übernahm Klaus Maria Brandauer die Führungsposition in der Wiener Theaterszene. Streitbar und kompromißlos, bis heute ungerechterweise der egomanen Rücksichtslosigkeit geziehen, ist Brandauer ein Spieler, dessen Bühnenpräsenz und Vitalität zum hingerissenen Zuschauen verführt. Daß er zudem ein großer handwerklicher Könner ist, kommt seinen Schülern am Max Reinhardts-Seminar zugute. Seine Auftritte, vom Hamlet und Tartuffe bis zum Cyrano de Bergerac, lassen erahnen, welche Perspektiven die ihm bevorstehenden großen Rollen im fortschreitenden Alter bieten. Shylock, Wallenstein, Nathan und vieles mehr wartet auf eine theatralische Erlösung durch Klaus Maria Brandauer.

Ein unverlierbarer Höhepunkt im Theaterleben des Theatermenschen war die Begegnung und Zusammenarbeit mit dem österreichischen Komödianten und Intellektuellen Otto Tausig. Er, nach Karl Paryla und als dessen Nachfolger, der größte Darsteller aller wesentlichen Nestroy- und Raimund-Rollen, ist ein Genie der urwienerischen Theatertraditionen, die neuerdings selbst in Wien vernachlässigt werden. Tausig, der als Jude in jungen Jahren aus Wien vertrieben wurde, führte nach seiner Rückkehr aus der englischen Emigration ein rast- und ruheloses Leben. Vom „Neuen Theater in der Scala" in Wien zog er nach Berlin, dann nach Zürich, Frankfurt, Köln und schließlich in der zweiten Hälfte seines Theaterlebens zurück nach Wien an das ersehnte Burgtheater. Was ihm dort mit Hilfe seines Direktors (Achim Benning) an Demütigung und Zurücksetzung widerfahren ist, wurde bereits an anderer Stelle berichtet. Jetzt soll der Darsteller beschrieben werden, der trotz seiner für die Schauspielerei atypischen Bescheidenheit ein Wiener Publikumsliebling geworden ist. Was seine unvergleichliche Darstellung der großen Nestroy- und Raimund-Figuren auszeichnet, ist die Mischung von Intellekt, Naivität und skurrilem Witz, die ihn mit hintergründiger Unschuld und nicht ergründbarem Humor durch die Stücke tänzeln lässt. Dabei stolpert er manchmal derart unwiderstehlich und immer wie selbst von der eigenen Ungeschicklichkeit überrascht, daß das Publikum zwischen Zuneigung für Tausigs Figuren und dem Vergnügen, das sie bereiten, hin und her gerissen wird. Daß der gesellschaftspolitisch engagierte Schauspieler auch die sozialen Botschaften, besonders Nestroys, zu übermitteln weiß, macht seine komödiantische Kunst der Pointensetzung noch amüsanter und wertvoller.

Als Tausig im Frankfurter Schauspiel den Fortunatus Wurzel in Raimunds „Der Bauer als Millionär" zum besten gab, war das eine Sternstunde der Schauspielerei in diesem Theater. Ein unvergeßlicher Höhepunkt war seine Interpretation des berühmten Aschenliedes. Er, der Meister im Couplet-Singen – einer unverzichtbaren Notwendigkeit, will man Nestroy oder Raimund spielen –, schenkte dem Publikum und dem regieführenden Theatermenschen einen unverlierbaren Moment Theaterglücks mit diesem Auftritt. Der verletzliche, bescheidene Theaterkünstler hat sich inzwischen vom Theater verabschiedet. Aber seine Auftritte, seine Marotten und sein uneingeschränktes soziales Engagement bleiben für alle, die ihn kennen, unvergeßlich. Noch hat das Wiener Theater keinen Nachfolger für diesen Girardi-Paryla-Tausig gefunden.

Aus dem Norden, aus Hamburg kam ein anderer, der die Größe deutscher Schauspielkunst repräsentierte: Peter Lühr. Ein Theaterpurist, ein Sprachkünstler, stand er für einen Theatertypus, dem Distanz der Panzer für ein verführerisch sinnliches Bühnenleben war. Wenn er, seine Baskenmütze in die Stirn gezogen, durch Münchens Straßen zog, hatte er so gar nichts vom exhibitionistischen Bedürfnis sich zu zeigen.

Eher protestantisch, pastoral wirkend verlieh ihm seine Unnahbarkeit eine geheimnisvolle Aura, der niemand zu nahe zu kommen sich erdreistete. Auf der Bühne entwickelte dieser hagere, sprachgewaltige Mann eine Art von skurriler, komödiantischer Dominanz, die in ihrer Fremdartigkeit verstörend und erschreckend wirkte. Seiner faunhaften Unberechenbarkeit war die ganze Szene – Schauspieler, Bilder und Töne – ausgeliefert. Obwohl dem angeblich rationalen Norden Deutschlands entsprossen, war er als Schauspieler dem mythischen Leben und den mächtigen Legenden eines wilden Nordlands nahe. Unvergessen der sperrige Witz und die verrückte Weisheit seines Narren in Dorns Maßstäbe setzender Inszenierung von Shakespeares „Was ihr wollt". Die zu bestaunende Fremdheit und individuelle Brillanz eines Peter Lühr läßt die erfolgreiche Arbeit seines Regisseurs und Intendanten Dieter Dorn zu dem werden, was unvergängliches Theater braucht, zur Basis für die geheimnisvolle und unberechenbare Kraft unverwechselbarer Schauspielkunst.

Erst spät verstand das Kammerspielpublikum und die Leitung des Theaters, daß Lühr mehr als ein außerordentlicher Schauspieler war. Er war der Beweis, daß die Deutschen einen Schauspieler gefunden hatten, der ihre Genialität, ihre verdeckten Perversionen, ihre Philosophie und ihre kollektive Schwäche in unübertroffener Weise verkörperte. Er war Ausdruck für den Tiefgang und die lebenslange Depression, die die Deutschen so besonders verführerisch und so besonders gefährlich macht. Peter Lühr – ein unvergleichlicher deutscher Schauspieler.

Wenn es ein weibliches Pendant zu diesem Schauspieler gibt, so ist es vielleicht Steins ehemalige Schaubühnenprotagonistin Jutta Lampe. Aus der jungen Schauspielerin der siebziger Jahre ist mit zunehmendem Alter eine strenge, beinahe abweisende Theaterprotestantin geworden. Unvergeßlich ihre verführerische und doch spröde Rosalinde in der Inszenierung von Shakespeares „Wie es euch gefällt" von Peter Stein. Man saß im Dunkeln des Zuschauerraums und verliebte sich in dieses mädchenhafte und der Wedekindschen Lulu verwandte Geschöpf, bekam aber die Unerreichbarkeit und unverletzbare Unschuld dieser Lampe-Rosalinde kompromißlos vorgeführt. Die sinnliche Shakespeare-Figur schien von Heinrich von Kleist umgeschrieben worden zu sein.

Mit der Zeit nahm die Strenge und künstlerische Unnachgiebigkeit der Jutta Lampe immer mehr zu. An ihrem Spiel verblüffte, wie sehr ihre theatralischen Denkweisen und Haltungen immer mehr einem archetypischen Deutschsein entsprachen. Gerade dieses spezifische Ausdrucksvermögen erhöhte den geheimnisvollen Reiz ihrer Schauspielkunst. Peter Lühr und die eine Generation jüngere Jutta Lampe sind der schöne Beweis, welche Unverwechselbarkeit das deutsche Theater zu entwickeln vermag.

Im Jahr 2001 eröffnete Dieter Dorn seine Ära im Bayerischen Staatsschauspiel mit Shakespeares „Der Kaufmann von Venedig". Und wie als Fazit einer jahrzehntelangen Zusammenarbeit in den Münchner Kammerspielen trugen die beiden zentralen Schauspieler seines Ensembles diesen notwendigen Neuanfang. Rolf Boysen spielte den Shylock, Thomas Holtzmann den Antonio. Das Prinzip dieser Aufführung zeigte sich in der Symbiose zweier Antipoden, in der Idee, daß selbst haßgeprägte Gegensätze wie in Shakespeares Stück eine dialektische Einheit bilden, die zum Sieg des einen über den anderen führt und doch zum gemeinsamen Untergang, da einer ohne den anderen nicht überleben kann. Was für ein Glück für den Regisseur, wenn ein derartiges Konzept mit zwei Darstellern erarbeitet werden kann, die sich so nahe und trotzdem so grundverschieden sind.

Rolf Boysen hatte seine erste Zeit an den Münchener Kammerspielen unter der Intendanz von Hans Schweikart. Da stürmte ein vor Kraft strotzender junger Schauspieler in die Mitte des Ensembles. Allen Genüssen des Lebens und des Theaters zugetan, führte er seine ungebrochene Vitalität ins Treffen und wurde auch so von den Regisseuren und der Theaterleitung zur Kenntnis genommen. Bis Fritz Kortner das noch unbehauene Potential Boysens auf völlig neue, auch für den Schauspieler überraschende Weise zu formen begann. Das Ergebnis dieser Zusammenarbeit war eine unvergeßliche „Othello"-Aufführung, in der man zum ersten Mal die poetische, differenzierte Qualität des zukünftigen großen Schauspielers entdeckte. Ohne ihm die Kraft einzuschränken hatte Kortner in Rolf Boysen den verletzlichen, leisen Schauspielermenschen entdeckt, dessen Leidensfähigkeit ungeahnte Dimensionen eröffnete. Trotz mehrerer Ausflüge in andere Theater kam Boysen schließlich an die Münchner Kammerspiele zurück und fand in Dorn den kongenialen Regisseur und in Peter Lühr und Thomas Holtzmann die Partner, mit denen er in einem unvergleichlichen Ensemble das Münchner Theaterwunder begründete.

Thomas Holtzmann, nach Peter Lührs Tod das einzige verbliebene Pendant zu Boysen, war anders als dieser ein introvertierter Mensch, ein Einzelgänger, der immer Distanz um sich herstellte. Sein erster Münchner Auftritt machte mit seinem ungewöhnlichen Gesicht, wie von Velasquez gemalt, bekannt. Zunächst entstand Unsicherheit, ob die exotische Strenge seiner Physiognomie der Ausdruck einer meditativen Konzentrationsfähigkeit oder naturgegeben war.

Die Entscheidung fällte wie bei Boysen auch bei Holtzmann Fritz Kortner. Als Antonius in Shakespeares „Antonius und Kleopatra" und vor allem in Goethes „Clavigo" war Holtzmanns unvergleichliches Gesicht endgültig zum Spiegel der scheuen Männlichkeit und der skrupelhaften Machtgier eines Theaterphilosophen geworden. Wie bei Boysen finden sich auch bei Holtzmann darstellerische Höhepunkte in großen Shakespeare-Rollen. Unvergeßlich für den Theatermenschen sein Malvolio in Shakespeares „Was ihr wollt" an den Münchner Kammerspielen. Die maßlose und zerstörerische Selbstpreisgabe dieses korrupten und ehrpusseligen Liebenden wurde zu einer unaufhaltsamen Höllenfahrt, zu einem verzweifelt lächerlichen Kampf ums nackte Überleben, unsagbar komisch mit hervorquellenden Augen und verzerrten Gesichtszügen, daß einem das Lachen im Halse stecken blieb. Holtzmann bei Shakespeare im unsterblichen Theater.

Daß sich Boysen und Holtzmann nach einem beinahe lebenslangen gemeinsamen Weg in Dorns „Der Kaufmann von Venedig"-Inszenierung einen Theaterkampf auf Tod und Leben liefern, ist nicht nur die Erfüllung der persönlichen Künstlerbiographien, nicht nur ein Zeichen, zu welch hochkarätigen Ereignissen ausschließlich das Theater führen kann, nicht nur ein Glücksmoment für das nach wie vor süchtige Theaterpublikum. Es ist auch ein Hinweis, wie unentbehrlich Kontinuität für die Fortentwicklung des Theaters ist, um so die Theaterkunst ohne modisch sein zu müssen zeitgemäß weiterzuentwickeln.

Immer wieder sind es wesentliche Shakespeare-Rollen, die Schauspieler in Erinnerung rufen. Sie stellen den Maßstab dar, an dem Darstellungskunst gemessen werden kann. Gert Voss, der Protagonist des Peymann-Theaters, bleibt als Richard III, Othello oder Shylock in Peter Zadeks Inszenierung „Der Kaufmann von Venedig" im Wiener Burgtheater in Erinnerung. Ein brillanter Könner, ein manchmal allzu selbstzufriedener Blender, beherrscht sein Charisma Bühne und die jeweilige Aufführung. Seine verführerischen Künste ziehen den Beschauer in den Bann. Ohne Wenn und Aber folgt man seiner faszinierenden Eigenart. Erst nach Ende einer Vorstellung, mit neu gewonnener Distanz, stellt sich die Frage, ob es dieser Schauspielerfürst nicht wieder einmal geschafft hat, dem Zuschauer unter Einsatz seiner betörenden Mittel und dem ihm eigenen Manierismus den Kopf so zu verdrehen, daß manch inhaltliches Defizit zurückgeblieben ist.

Obwohl man sich ein wenig übertölpelt fühlt, will man diesen Schauspieler wiedersehen, sich ihm ausliefern, den angebotenen Lustgewinn einheimsen. Das unberechenbare Theater bleibt selbst dort lustvoll, wo ein Schauspielkünstler skrupellos alles, was ihn bei seinem Auftritt stört, manchmal sogar den Autor, verdrängt.

Voss' weibliches Gegenüber in Claus Peymanns ehemaligem Ensemble war Kirsten Dene. Schon als junge Schauspielerin war sie außer- und innerhalb des Theaters nur auf eines versessen: auf Rollenspiele. Es scheint als habe sie sich außerhalb ihrer Rollen derart ausgelöscht, daß Körper und Psyche vollständig auf die Aufnahme der unterschiedlichsten Bühnenfiguren ausgerichtet sind. Sie lebt vor allem mit einer derart ausschließlichen Konsequenz in ihren Rollen, so daß ihr komisches und tragisches Leben fast zu Gänze auf der Bühne stattfindet.

Der subjektiven Erinnerung des Theatermenschen entsteigen Begegnungen mit Schauspielern ohne jede Ordnung. Es darf auch nicht geordnet werden, was willkürlich und spontan ins Bewußtsein tritt. Wie wäre sonst ein Defizit erklärbar, das dieser subjektiven Theatergeschichte eigen sein muß. Denn die Erinnerungen des Theatermenschen in bezug auf die Entwicklung des Theaters und vor allem der Schauspielkunst im lange abgetrennten Osten Deutschlands sind unvollständig.

Von Ekkehard Schall, Fred Düren, Jörg Gudzuhn bis Ulrich Mühe, von Helene Weigel, Inge Keller bis Jutta Wachowiak, um nur einige zu nennen, verdienen die großen Schauspieler, die das Theater der ehemaligen

DDR künstlerisch bestimmt und erhalten haben, Respekt und manche auch die Bewunderung des Theatermenschen. Nähe und persönliche Erinnerung ist nicht entstanden und kann daher auch nicht Teil meiner Theatergeschichte sein. Subjektivität und Unordnung bleibt den Erinnerungen vorbehalten; und so ist es naheliegend, daß Walter Schmidinger angesprochen werden muß. Vielleicht einer der größten Spieler des deutschen Theaters, hat er sein Leben dem Chaos, der existenziellen Unordnung ausgeliefert. Wehrlos einerseits und jeder lustvollen Unwahrheit andererseits verfallen, hat er lebenslang die Katastrophen gesucht, gefunden und dann melancholisch belächelt. Seine großen und kleinen Lebenslügen verwandeln sich, wenn er die Bühne betritt, in unwiderlegbare Wahrheit. Das ist die Kunst der großen ewigen Komödianten, wie man sie zum Beispiel bei Moliere, Nestroy oder Karl Paryla finden kann. Ihnen ist der traurige Theaterlügner, der wahre Komödiant Walter Schmidinger zuzurechnen.

An dieser Stelle ist ein Innehalten unvermeidlich. Die Erinnerung an die wenigen, die bisher hier angesprochen wurden, und die Unzahl derer, die das Leben des Theatermenschen lustvoll und in Krisen widerstandsfähig gemacht haben und jetzt aus einer unwiederbringlichen Zeit in eine veränderte Gegenwart drängen, erfordern eine Verabschiedung. So wesentlich ihre bewußte und unbewußte Einflußnahme auf die Kunstidee des Theatermenschen war, so unentbehrlich ihr Anteil an dieser subjektiven Theatergeschichte ist – die Konzentration muß sich zum Schluß auf die Schauspieler des Ensembles richten, die Partner und Bestätigung der Arbeit des Theatermenschen in den letzten Jahren gewesen sind.

Jürgen Holtz sei als erster genannt. Ein intellektueller Querkopf mit kindlicher Ernsthaftigkeit und einer unerschöpflichen Begeisterung für sich selbst. Eigenwillig beherrscht er Regisseur und Szene. Und es bedarf großer Überzeugungskraft und argumentativer Standfestigkeit, dieser Bühnenautorität gewachsen zu sein. Seine Fähigkeit, Denkvorgänge auf der Bühne sichtbar werden zu lassen, machte seine Darstellung des Nörglers in Karl Kraus' „Die letzten Tage der Menschheit" zu einem luziden Höhepunkt der Aufführung. Die Beschreibung des Untergangs der menschlichen Kultur im Krieg löste bei den Zuschauern eine intellektuelle Betroffenheit aus, wie sie nur sehr wenige Schauspieler erreichen können. Aber auch sein letzter Auftritt in Frankfurt als König Philipp in Schillers „Don Carlos" gehört zu den Höhepunkten der Frankfurter Theaterarbeit. Die Entwicklung seines Philipp vom bulligen Machtintellektuellen und seiner Demütigung als liebessehnsüchtiger Mann zu einer verletzten und rachedurstigen Kreatur, die immer tierischere Züge annimmt, entließ keine Zuschauer in distanzierte Gleichgültigkeit. Ein großer Schauspieler, dessen Obsessionen den Umgang mit ihm nicht immer erleichtern.

Carmen Renate Köper, eines der wesentlichsten Mitglieder des Frankfurter Ensembles: Ausgestattet mit einer großen deutschen Theatervorgeschichte als Protagonistin bei Hans Schalla, dem legendären Bochumer Intendanten, bei Karl Heinz Stroux in Düsseldorf und im Anschluß bei Harry Buckwitz in Frankfurt, war sie unter anderem die Uraufführungs-Schauspielerin der ersten Stücke von Elfriede Jelinek. Eine unentbehrliche Partnerin und künstlerische Dominante für den Theatermenschen. Ihr bis ins fortgeschrittene Alter mädchenhafter Reiz, ihre preußische Disziplin, ihre Sprachgewalt und ihre im Umgang mit Schauspielerkollegen übertriebene Anpassungsfähigkeit machten sie in allen Ensembles zu einer akzeptierten und angesehenen Protagonistin.

Wer in den letzten Jahren ihre theatralischen Alleingänge in Becketts „Glückliche Tage", hier unterstützt von Klaus Bauer, und ihre „Frau von Stein" von Peter Hacks gesehen hat, weiß, daß sie zu den wenigen ersten Schauspielerinnen ihres Alters im deutschen Theater zu zählen ist.

Von einem wunderbaren alten Schauspieler soll jetzt die Rede sein, der zu den unentdeckten Größen deutscher Schauspielkunst gehört. Nicht viele Begabungen werden übersehen, und die Behauptung: „Wer gut ist setzt sich durch" trifft in den meisten Fällen zu. Aber es gibt Ausnahmen. Manfred Schindler ist eine. Im Alter von Ende fünfzig wurde er durch Zufall aus der Provinz an das Kölner Schauspiel engagiert – für kleine Rollen. Durch den Ausfall eines Schauspielers wurde er gegen den Widerstand der zweifelnden Theaterleitung mit der Hauptrolle in „Aus der Fremde" von Ernst Jandl besetzt. Seine sprachgewandte Skurrilität, sein clownesker Witz und seine für viele Beobachter überraschende Bühnenautorität machten die Premiere dieses im Konjunktiv geschriebenen Theaterhöhepunktes im Werk von Ernst Jandl zu einem explosionsartigen Erfolg. Diese Aufführung ließ – so auch Jandls Meinung – die Qualität der Uraufführung an der Berliner Schaubühne und ihres Hauptdarstellers Peter Fitz weit hinter sich. Spät, aber noch früh genug, war ein neuer Protagonist geboren.

In den nachfolgenden zwanzig Jahren, zuerst in Bonn und später in Frankfurt, war der verdrehte, ein wenig verrückte Spieler großer und wichtiger Rollen eine unangefochtene und geliebte Autorität im Ensemble. Zusätzlich zählte er zu den am meisten akklamierten Publikumslieblingen in beiden Städten.

Für eine überregionale Prominenz in der deutschen Theaterszene reichte sein später Start nicht mehr aus. Den mode- und eventbesessenen Kulturjournalisten war seine Schauspielkunst nicht öffentlich wirksam genug. Aber für uns Theaterleute, die viele Jahre mit ihm verbrachten, war sein Alterserfolg und die Zuneigung seines Publikums eine schöne Bestätigung einer konsequenten Künstlerbiographie.

Schwerpunkte als Schauspieler und Regisseur setzte der zu früh verstorbene Hans Falár, der sich körperlich und intellektuell wie ein geschliffenes Messer auf die Theaterarbeit stürzte. Anstrengend für die Partner, streitsüchtig gegenüber den Regisseuren, setzte er seine Meinungen kompromißlos durch. Seine Ergebnisse waren unterschiedlich, aber manchmal ungewöhnlich und mitreißend, wie die Darstellung des Malvolio in Amelie Niermeyers Frankfurter Inszenierung von Shakespeares „Was ihr wollt". Peter Lerchbaumer: der urösterreichische Skeptiker und Provokateur. Unvergeßlich seine Thomas-Bernhard-Darstellungen. Sein Professor Schuster in „Heldenplatz", „Der Theatermacher" oder der Dichterfürst Meister in „Über allen Gipfeln ist Ruh" zählen zu den schönsten Schauspielerleistungen des Frankfurter Theaters. Verletzend, angriffslustig ist er, aber ein Protagonist, wie ihn wenige Ensembles aufzubieten haben. Das läßt manches verzeihen und vieles ertragen.

Katherina Lange, die scheue und verletzliche Schauspielerin, aus der ehemaligen DDR in das Ensemble des Theatermenschen gekommen, ist mit einer erstaunlichen Vielzahl von Talenten versehen. Eine außerordentliche Sängerin, in Kleinkunst versiert und Darstellerin großer klassischer und moderner Rollen, verfügt sie über raumfüllende Kraft, die man der zarten und sensiblen Person auf den ersten Blick gar nicht zutraut. Immer ein wenig unzufrieden mit ihrer Situation im Theater, unbegründet eifersüchtig auf manche Kollegen, getrieben von der Befürchtung, nicht genügend geschätzt zu sein, entgeht ihr scheinbar, mit wie viel Zuneigung und Bewunderung für ihre besonderen Qualitäten Kollegen und Theaterleitung ihr begegnen.

Gabriele Köstler, die Protagonistin mit einer vielbeachteten Karriere von Düsseldorf über München nach Frankfurt; Ingrid Schaller, unvergessen als wundersames Gretchen im Bonner „Faust I"; Michael Lucke, der manchmal schwer einzuordnende aufbegehrende Kraftkerl des Ensembles; Friedrich Karl Praetorius, undiszipliniert und hochbegabt, ein schwer zu fassender Schauspieler, an dem der Theatermensch seine genußvolle Freude und seinen nervtötenden Ärger hatte – brillante Aufführungen wechselten bei ihm mit unzumutbaren Auftritten ab.

Klaus Bauer schließlich, der große schwere Mann mit der zarten und leicht zu verletzenden Seele einer kindlichen und großen Schauspielerbegabung, schwer zu gewinnen, aber von ungeahnter und im Theater überlebensnotwendiger Treue. Eva-Maria Strien, die seit sechzig Jahren theaterbesessene Mutter des Ensembles, läßt alle Eitelkeit und modische Verlogenheit als das erscheinen, was sie ist: als die Bloßstellung und Deformation künstlerischen Talents. Ehrlichkeit, Unschuld und Zuneigung ist für einen Schauspieler unverzichtbar. Das scheint man zu verstehen, wenn man die „Strieni" auf oder hinter der Bühne antrifft.

Sie alle waren Stützen der Arbeit des Theatermenschen.

Miguel Abrantes wäre noch zu nennen, Robert Dölle, nur kurz im Frankfurter Ensemble, trotzdem wichtig. Wilfried Elste, ein Urgestein des Hauses, viele Intendanten und ihre Launen überlebend und dennoch von außerordentlicher und künstlerischer Disziplin. Ebenso wie Wolfgang Gorks, der sich nach seinem Wechsel von Dresden nach Frankfurt neu durchsetzen mußte und dies auch schaffte. Und auch Günter Lampe, dessen Theaterleben ein Trip durch Chaos und höchste Anerkennung von führenden Theaterleuten ist. Und Axel Böhmert, der bescheidene und treue Mitarbeiter – sie alle haben zu dem Theaterglück beigetragen, das allen Anfechtungen zum Trotz und im Gegensatz zu den beschriebenen Fehlentwicklungen in der deutschsprachigen Theaterszene das Leben des Theatermenschen und seiner Partner in Frankfurt bestimmt hat.

In ihnen beschreibt und feiert sich ein Prinzip, welches das deutschsprachige Theater im Gegensatz zu anderen Theaterkulturen auszeichnet: Das Ensemble. Die überlieferten Theaterhöhepunkte von Reinhardt über Schweikart, von Stein bis zu Dorn wurden bestimmt durch Ensembles, deren künstlerische Übereinstimmung Basis für die wunderbaren Vorstellungen war, die uns überliefert sind. Ensemblearbeit – das heißt die aus einem Bewußtsein geborene Kunstleistung ohne Ansehen der Größe der Rollen und der damit verbundenen künstlerischen Herausforderung. Der Protagonist einer Aufführung und der Darsteller kleinster Nebenrollen müssen auf Grund einer gemeinsamen Idee, geleitet von einem kollektiven Kunstwillen und unterstützt von einem behutsam leitenden

Regisseur, Garantie für eine größtmögliche Theaterqualität sein.

Die Huldigung an ein ungewöhnliches Ensemble, wie es das Frankfurter des Theatermenschen war, ist somit auch eine Beschwörung der Utopie von der Unzerstörbarkeit des Theaters.

Das Ende dieser Betrachtungen soll den jüngsten Mitgliedern des Theaters gewidmet sein. Sie sind gefordert, mit Kopf, Seele und Herz eine neue Periode des Lebensentwurfs Theater voranzutreiben und das Überleben der wahren Theaterkunst, die Zusammenführung von Autor, Regisseur, Schauspieler und Publikum auf neue, ihrer Zeit gemäße, aber seriöse Weise zu garantieren.

Dem Theatermenschen und seinen Altersgenossen steht es zu, diese Forderung nach einer progressiven Entwicklung an die zu stellen, die wie Söhne und Töchter entdeckt und dem Theater zugeführt wurden. Wolfram Koch, der hemmungslose Spieler, der schon durchgesetzte älteste Nachkomme. Ihm zuzuschauen, mit ihm zu arbeiten gehört zu den schönsten Erlebnissen – zwischen Selbstbestätigung und Staunen – des Theatermenschen. Unvergessen und symbolisch für dieses vehemente Schauspielerdasein der Moment, da er bei den Salzburger Festspielen als Hauptdarsteller in „Sieben gegen Theben" von Aischylos auf einem nur Zentimeter breiten Gesims in fünf Meter Höhe balancierend einen Monolog zum besten gab, immer über dem Abgrund schwebend und doch nicht abstürzend. Der Tänzer über dem theatralischen Abgrund, möge er unverletzt bleiben!

Bei Mathias Lühn und Christian Hockenbrink, hochfahrend und selbstbewußt beide, ist noch nicht entschieden, wohin ihr großes Talent führen wird. Ihre

Frankfurter Arbeiten sind richtungweisende Qualitätsproben. Christian Tschirner, ein kühler, kluger, auch unnahbarer Sohn: Als Schauspieler nach einer Anzahl wesentlicher Aufgaben, deren Höhepunkt die Darstellung des Faust war, früh zum bewußten, auch handwerklich belastbaren Protagonisten gereift, wendet er sich nun entschieden der Regie zu. Er ist einer, der die Autorität besitzt, im Theater zukünftig Leitungsaufgaben zu übernehmen. Nicole Kersten, das große Nacwuchstalent, das ganz gewiß seinen Weg machen wird, und Eva Gosciewiez, die Liebeshungrige, deren Begabung zunehmend an Tiefe gewinnt, gehören zu den schönsten Entdeckungen des Theatermenschen.

Und schließlich Christian Nickel und Dorothee Hartinger. Beide kamen von Schauspielschulen in das Frankfurter Theater gestürmt und eroberten schnell die Leitung, die Regisseure und das Publikum. Daß beide vor Ende der Frankfurter Zeit des Theatermenschen sein Theater verließen und sich dem großen Faust-Projekt Peter Steins anschlossen, war einerseits Verlust, aber auch Bestätigung der Frankfurter Theaterarbeit mit jungen, hochbegabten Schauspielern. Jetzt, nach Abschluß der Faust-Arbeit, ist Christian Nickel bei Dieter Dorn gelandet und Dorothee Hartinger am Wiener Burgtheater.

Sie alle seien in die Arme genommen!

Sie sind die Hoffnung, die gegen alle üblen, zerstörerischen und offensichtlich unausrottbaren Heucheleien die Utopie des Theaters schützen und verteidigen werden.

Daran glaube ich fest!

Namenverzeichnis

Abrantes, Miguel 188
Aslan, Raoul 10, 12
Bachler, Klaus 101, 148
Barlog, Boleslaw 62
Bartl, Robert 171f
Bauer, Klaus 185, 187
Baumbauer, Frank 112, 148
Beckett, Samuel 44, 185
Beelitz, Günther 112
Beil, Hermann 100
Benning, Achim 96ff, 176
Bernhard, Thomas 100, 186
Blech, Hans-Christian 30
Bondy, Luc 101
Bosse, Jan 163, 167
Boysen, Rolf 179ff
Böhmert, Axel 188
Brandauer, Klaus Maria 174, 175
Brecht, Bertolt 16, 23, 32ff, 61, 66f, 93
Breth, Andrea 101, 111, 144
Buckwitz, Harry 37, 57, 60
Canaris, Volker 112
Castorf, Frank 124f
Corneille, Pierre 138
D'Annunzio, Gabriele 134
Dene, Kirsten 182
Domin, Friedrich 30, 33
Dorn, Dieter 39, 45f, 49, 51, 77, 80, 84, 111, 120, 128, 139, 146, 148, 171f, 177, 179, 188, 190

Dölle, Robert 188
Drese, Helmut Claus 61, 73
Dresen, Adolf 157
Düren, Fred 182
Elste, Wilfried 188
Engel, Erich 23, 33, 39
Engel, Judith 161
Everding, August 25, 39, 61
Falár, Hans 137, 186
Falckenberg, Otto 23, 39
Feuchtwanger, Lion 126
Fitz, Peter 185
Flimm, Jürgen 56, 59, 77, 84, 86, 111, 121f, 127, 146, 160
Giehse, Therese 31, 57
Glaser, Hermann 142
Goethe, Johann W. von 180
Goetz, Rainald 115, 136f
Gorki, Maxim 72, 138
Gorks, Wolfgang 188
Gosciejewicz, Eva 190
Graf, Robert 30
Gründgens, Gustaf 12, 62, 72
Gudzuhn, Jörg 182
Hackenberg, Kurt 142
Hacker, Friedrich 91
Hacks, Peter 187
Haenel, Günther 16
Haeusserman, Ernst 61, 89ff
Hartinger, Dorothee 161, 190
Hartmann, Matthias 147
Haußmann, Leander 147f
Heinz, Wolfgang 16
Held, Martin 66

Hensel, Georg 143

Hesse, Volker 137

Heyme, Hansgünther 56, 58, 61f, 65, 68, 72ff, 80

Hilpert, Heinz 26

Hockenbrink, Christian 188

Hoffer, Hans 138

Hoffmann, Hilmar 142, 158

Hoffmann, Paul 92f

Hollmann, Hans 56, 60, 84, 133ff

Holtz, Jürgen 184

Holtzmann, Thomas 179ff

Holzer, Werner 159

Holzmeister, Judith 93

Hoppe, Marianne 66f, 123

Hörbiger, Attila 50ff, 134

Hörbiger, Familie 10, 93, 134

Hörbiger, Paul 134

Hübner, Kurt 34, 61, 68

Hunger-Bühler, Robert 138

Jandl, Ernst 187

Jelinek, Elfriede 100, 115, 126, 133ff, 184

Kaiser, Joachim 143

Keller, Inge 182

Kersten, Nicole 190

Khuon, Ulrich 146

Kiaulehn, Walter 143

Kipphardt, Heinar 31, 32, 34ff, 60

Kleist, Heinrich von 138

Klingenberg, Gerhard 84, 93ff, 98

Knaak, Annemarie 138

Koch, Wolfram 189

Kokoschka, Oskar 91

Kolbe, Jürgen 142

Konradi, Inge 93

Kortner, Fritz 26ff, 35, 42ff, 84, 175, 179ff
Köper, Carmen Renate 133, 137, 184
Köstler, Gabriele 187
Kraus, Karl 89, 99, 137, 184
Krauß, Werner 10, 14
Kruse, Jürgen 147f
Kückelmann, Gertrud 31
Kühnel, Tom 161ff
Kusej, Martin 101
Lange, Hartmut 62ff, 67f
Lange, Katharina 188
Langhoff, Thomas 111, 128, 147
Langhoff, Wolfgang 31
Lampe, Günther 138, 188
Lampe, Jutta 178f
Lerchbaumer, Peter 138, 186
Lessing, Gotthold E. 125
Lietzau, Hans 61, 62, 67, 80, 112
Lindtberg, Leopold 91
Lucke, Michael 187
Luft, Friedrich 143
Lühn, Matthias 188
Lühr, Peter 26, 30, 179ff
Maier, Ulli 135, 138
Marthaler, Christoph 148
Marx, Karl 63
Meinrad, Josef 93
Minetti, Bernhard 66, 67
Monk, Egon 61
Mouchtar-Samorai, David 136, 138
Mühe, Ulrich 182
Müller, Hans-Reinhard 39
Müller, Heiner 63
Nagel, Ivan 61, 111, 112

Nestroy, Johann N. 50, 175, 176, 183
Neuenfels, Hans 68,78
Nickel, Christian 161f, 190
Nicklisch, Maria 31
Niermeyer, Amelie 163, 186
Nida-Rümelin, Julian 45
Noelte, Rudolf 136
Ostermaier, Thomas 144
Palitzsch, Peter 34, 36, 60, 61, 68, 78, 79, 80, 136
Paryla, Karl 16,26f, 30, 43, 50f, 175, 182
Pekny, Romuald 50
Peymann, Claus 45, 56, 58, 67f, 72, 80, 84, 99ff, 111, 128, 135, 181f
Piscator, Erwin 37, 62
Praetorius, Karl Friedrich 187
Raimund, Ferdinand 175f
Reible, Dieter 56ff
Reinhardt, Max 71f, 188
Roth, Joseph 92
Rühle, Günther 126, 158
Schaaf, Johannes 157
Schall, Ekkehard 182
Schalla, Hans 61, 184
Schaller, Ingrid 187
Schindler, Manfred 185
Schitthelm, Jürgen 65
Schleef, Einar 126, 127
Schlingensief, Christoph 125
Schmidinger, Walter 183
Schnitzler, Arthur 100, 128
Schröder, Gerhard 45
Schroeter, Werner 123
Schumann, Clara 134
Schuster, Robert 161ff, 164

Schweikart, Hans 23ff, 30, 33, 35f, 39, 49f, 60, 146, 149, 179, 188
Sellner, Gustav Rudolf 91
Shakespeare, William 180f, 186
Skoda, Albin 93
Stadelmaier, Gerhard 143
Staudte, Wolfgang 81
Steckel, Frank-Patrick 111
Steckel, Leonhard 26
Stein, Peter 45, 56ff, 67, 70ff, 80, 163, 178, 188, 190
Steinboeck, Rudolf 91
Stoltzenberg, Peter 62
Strauß, Botho 72
Strien, Eva-Maria 187
Stromberg, Tom 147
Stroux Karl Heinz 61, 181
Sturm, Dieter 65
Tausig, Otto 16, 96, 97, 175, 176
Thalheimer, Michael 168
Thimig, Familie 10
Tismer, Anne 132
Tremper, Susanne 135
Tressler, Otto 10
Tschechow, Anton P. 127, 154
Tschirner, Christian 161, 190
Turrini, Peter 100
Unger, Wilhelm 143
Verhoeven, Paul 26
Viertel, Berthold 16
Voss, Gert 100, 181f
Wachowiak, Jutta 182
Wächter, Susanne 162
Weber, Anselm 138
Wedel, Dieter 81

Wedenskij, Aleksandr 161
Wehmeier, Jörg 35
Weiffenbach, Klaus 65
Weigel, Hans 20
Weigel, Helene 182
Wekwerth, Manfred 34
Wendt, Ernst 80
Werner, Oskar 93, 174
Wessely, Paula 10, 134f
Wieler, Jossi 136, 138
Wildgruber, Ulrich 121
Wilhelmi, Erni 30
Williams, Tennessee 27
Wilms, Bernd 147
Wotruba, Fritz 91
Zadek, Peter 34, 45, 62, 68, 80, 101, 112, 121, 128, 146, 154f, 181
Zankl, Horst 133f
Zech, Paul 125